FEEDBACK

A arte de ajudar e receber ajuda

Arnaldo Carvalho

FEEDBACK

A arte de ajudar e receber ajuda

EDITORA
IDEIAS&
LETRAS

1ª impressão

EDITORA IDEIAS& LETRAS

Avenida São Gabriel, 495
Conjunto 42 - 4º andar
Jardim Paulista – São Paulo/SP
Cep: 01435-001
Editorial: (11) 3862-4831
Televendas: 0800 777 6004
vendas@ideiaseletras.com.br
www.ideiaseletras.com.br

Dados Internacionais de Catalogação na Publicação (CIP) de acordo com o ISBD

C331f Feedback: a arte de ajudar e receber ajuda / Arnaldo Carvalho. - São Paulo : Ideias & Letras, 2021.

176 p. : il. ; 14cm x 21cm.

Inclui bibliografia.
ISBN: 978-65-87295-17-6

1. Autoajuda. 2. Psicologia. 3. Aperfeiçoamento pessoal. I. Título.

2021-2775 CDD 158.1
CDU 159.947

Elaborado por Vagner Rodolfo da Silva - CRB-8/9410

Índices para catálogo sistemático:
1. Autoajuda 158.1
2. 2. Autoajuda 159.947

DEDICATÓRIA

Dedico este primeiro livro – de muitos que ainda desejo escrever – a todas as milhares de pessoas que passaram pelos meus treinamentos e palestras nos últimos trinta anos; que me permitiram me aperfeiçoar como pessoa e me deram a oportunidade de transmitir os meus conhecimentos, algo que faço com muito prazer e com o maior carinho.

Dedico a todos os meus **amigos** de caminhada, aqui representados por Robert Yoel Cabili e Eduardo Menezes Junior. São eles que, constantemente, me dão *feedbacks*, exigindo e cobrando cada vez mais de mim para que eu me torne melhor e, assim, alce voos ainda mais altos. Essas cobranças me lapidam, me ensinam e me fazem perceber a oportunidade que eu tenho de continuar aprendendo sobre a importância de receber um *feedback*! NUNCA parem com os seus *feedbacks*, meus caros amigos, pois foram – são e SEMPRE serão – bem-vindos e me permitiram chegar onde estou. Obrigado!

Aos meus **professores e mentores** que, por meio de sua dedicação e, por que não dizer, muito carinho, passaram os conteúdos de uma forma transformadora, abrindo a minha cabeça para a realidade objetiva.

À minha **mãe**, que sempre soube me acolher, confortar, dar carinho e me apoiar naquilo que eu mais precisei. Mãe, você sempre está e estará presente!

Ao meu **pai**, ausente fisicamente, mas sempre muito presente em todos os ensinamentos que teve condições de me passar. Agradeço a cada madrugada, a partir dos meus nove anos, indo trabalhar nas férias escolares, caminhando até o restaurante, descendo a rua Ezequiel Ramos, ouvindo aquele sino de vento na esquina com a rua Camé, para chegarmos e prepararmos os quatrocentos pães com manteiga que a empresa Estacas Benacchio retirava às 4h45. Quantos *feedbacks* recebi... Meu pai, onde estiver, saiba que foram momentos inesquecíveis.

À Luiza e à Lara, **minhas netas**, e aos que vierem depois. Saibam que, mesmo diante de todos os desafios, quero dar muito carinho e atenção a vocês, pois são filhos dos meus filhos, que amo muito!

Em especial, à **minha esposa**! Claudia, companheira, parceira e amiga, uma pessoa insubstituível que me incentiva – ao seu modo – a decolar nesse voo digital, tendo paciência nas tantas noites que fiquei acordado ou levantei mais cedo para não perder os momentos de inspiração e os *insights.* Sou fortalecido por **você**, **minha linda**, SEMPRE presente ao meu lado, me falando o que tanto preciso ouvir, de forma contundente, mas, no fundo, sinto o carinho e o amor em suas palavras e atitudes! Sou e serei sempre muito grato por tudo!

SUMÁRIO

SOBRE O AUTOR

Meu nome é Arnaldo Carvalho, nasci em São Paulo, em 1960. Os meus pais se casaram nesta mesma cidade, um ano antes do meu nascimento, com a intenção de construírem uma vida promissora. Eu fui o primogênito do casal.

Comecei a trabalhar com meu pai desde os meus nove anos de idade, e agradeço por isso. Dono de três restaurantes, sempre olhei para ele como uma referência empreendedora, mas foi aos dezessete anos, depois de uma reunião familiar solicitada por mim, para mostrar uma ideia de montar um restaurante industrial, que eu me senti frustrado de verdade pela primeira vez, quando meu pai negou minha ideia.

Não sei o que isso significa para você, mas para mim não foi fácil. Daí em diante nasceu dentro de mim uma vontade de vencer, sair da mesmice, conquistar os meus objetivos, seja lá o que fosse preciso fazer, e comecei minha empreitada.

Abandonei o esporte, era federado em saltos ornamentais e polo aquático, entrei para servir ao Exército, uma grande escola, e comecei a perceber que nem tudo era do jeito que eu pensava. Saí do Exército e segui sem direção aos meus objetivos. Entrei na universidade, em engenharia, e comecei a trabalhar. Por "bater de frente" em várias situações, acabei perdendo o emprego e oportunidades de crescimento pessoal e profissional, até que, participando de uma especialização, recebi um *feedback* que mudou a minha trajetória.

Na ocasião, fui chamado de "oportunista", o que não foi fácil, pois sempre tive aversão a essa palavra, mas, ao me permitir receber ajuda, comecei a perceber que só detestamos ou enxergamos no outro aquilo que nos pertence.

Foi o momento de uma grande virada em minha vida, essencial para que surgisse este livro que está em suas mãos.

Aprendi que para "dar" ou "receber" um *feedback*, você primeiro precisa se conhecer, saber ouvir e construir um caminho que leve à construção de algo, que o leve ou leve o outro para um nível superior, que traga evolução para quem está dando ou recebendo a informação.

Hoje eu entendo meu pai. Aquela negação da ideia de montar um restaurante industrial não foi pessoal. Ele queria que eu tivesse uma vida mais tranquila, que eu seguisse os meus estudos, me formasse, tivesse uma vida mais plena e menos atribulada do que a que ele tinha, acordando todos os dias muito cedo para trabalhar. Pai, seja lá onde esteja agora em um outro plano, saiba que eu sempre o admirei pelo exemplo que me deu. Um empreendedor nato! E hoje sou eu, pai, um empreendedor do conhecimento, passando aos outros aquilo que aprendi a duras penas, para que, diferente de mim, não aprendam pelo caminho da dor, mas tomem um atalho!

PREFÁCIO

Como profissional do ramo editorial, já entrei em contato com muitas outras obras que, como esta, se propõem a analisar e sugerir comportamentos, transitando por diferentes áreas do conhecimento como a filosofia, a psicologia, a linguística, a gestão, entre outras.

Alguns desses trabalhos, no entanto, falham por não transpor o conhecimento dessas ciências de forma consistente e não apontar a origem das técnicas ou metodologias propostas. O que acontece, portanto, é que o leitor finaliza a leitura em dúvida se o que lhe foi apresentado é fruto de uma síntese aleatória e superficial, ou se é resultado de um processo com o mínimo de testagem e fundamentação. Outra dificuldade comum é a utilização dessas ciências sem que seus discursos se adequem à linguagem e à compreensão do leitor, que muitas vezes não está inserido nelas, ou seja, falta didática, e os resultados são igualmente inconsistentes.

A obra que você tem em mãos, caro leitor, não está próxima da perfeição – ainda bem –, mas parece se desviar desses erros comuns. O empenho do autor resultou em um material que deixa claro as suas referências teóricas e as transmite de forma simples. Arnaldo Carvalho nos diz de onde veio e onde quer chegar. Tudo isso é possibilitado, em grande parte, pela mescla de argumentos teóricos e diálogos narrativos, com estes servindo de metalinguagem àqueles. Nas conversas com a "vó", sempre bem-humoradas, o autor fornece aplicações práticas de tudo aquilo que está sendo dito.

Além desses acertos textuais e metodológicos, é importante destacar a vasta experiência do autor no treinamento de pessoas. Essa longa caminhada de mais de 23 anos foi o campo de experimentação daquilo que, aqui, está sendo exposto. O conteúdo deste livro, portanto, é a síntese de muito estudo, de muitas tentativas, de erros e acertos. Saber disso nos tranquiliza, pois retira esta obra das prateleiras suspeitas da "pós-verdade", as quais, ultimamente, têm estado abarrotadas de exemplares.

Diante disso, o que se pode concluir destas páginas é que constituem uma verdadeira oportunidade de aprendizado. A forma como foram escritas e a responsabilidade de quem as redigiu são a garantia de que há muito o que se aproveitar de uma leitura completa e atenta. Aceite este convite ao crescimento!

Pedro Paulo Rolim Assunção
Licenciado em Letras pela
Universidade Federal de São Paulo

APRESENTAÇÃO

Antes de começar, é preciso esclarecer a organização deste livro para que você possa aproveitá-lo da melhor forma possível.

Você pode ir direto ao ponto, de forma simples e objetiva, ler e seguir somente o passo a passo do capítulo 26, "Cinco dicas para você falar o que quiser, para quem quiser", e já terá resultados significativos.

No entanto, se você quer ir além, saber o porquê, esmiuçar o passo a passo e se aprofundar no assunto para melhores resultados – em várias áreas de sua vida – **você**, realmente, é uma **pessoa especial**.

Aproveite cada parágrafo para ter em suas mãos algumas ferramentas poderosas que o potencializarão no seu dia a dia. Eu me potencializei quando aprendi e me aprofundei no conhecimento, e todas as pessoas que ensinei também se potencializaram. E mais: um número expressivo de pessoas que passaram pelos meus treinamentos, além de terem se potencializado, ainda se transformaram em especialistas no assunto. Hoje, algumas estão no mercado utilizando deste conhecimento para gerar renda em suas próprias empresas, e outras utilizaram dele para desenvolver seus próprios negócios. Por que contigo seria diferente?

Este conhecimento é transformador!

Ao contextualizar o assunto, convidei a avó Ivolesa para nos acompanhar. Ela é uma pessoa por quem eu tenho muito carinho. Não é minha avó de sangue, mas eu a chamo de "vó" pelos seus comportamentos sempre questionadores, por se fazer presente e por parecer muito com uma pessoa que está sempre viva em minhas lembranças, minha bisavó Sudária, de quem sinto muita saudade.

Aproveite a vó Ivolesa, pois ela, por meio de sua experiência de vida, estará presente fazendo intervenções que, com certeza, amplificarão e/ou darão a possibilidade de refletir e/ou facilitarão o entendimento do assunto em questão.

Também me dediquei a informar as referências bibliográficas do conteúdo para que, caso deseje, possa encontrar o início do caminho para buscar ainda mais conhecimento, ou mesmo como uma leitura para se aprofundar no assunto. E aí, quem sabe, se tornar um especialista também.

O educador pode apenas despertar, encorajar ou incitar uma resposta. Ele nada pode gerar, nem forçar. O valor de muitas medidas educacionais consiste apenas no fato de afastarem obstáculos e iluminarem o caminho.

Se o sucesso do educador se restringisse a isso, ele não poderia ficar satisfeito e realizado. Ele só poderá sentir-se assim quando tiver formado, no interior de seu aluno, um segundo educador, que torne o primeiro desnecessário.

Antes de mais nada, devo apresentar-lhe a vó:

— Filho, pare de falar! Já até pensei que tinha se esquecido de mim. Deixa que eu mesma me apresento!

— Ok, vó! Mas eu não...

— Olha! Eu sou a Ivolesa, tenho 89 anos e pretendo apenas acompanhar o que o Arnaldo vai falar sobre este assunto. Estou curiosa! Mas, Arnaldo, um aviso. Olhe só, eu não quero que você fique tirando sarro do meu nome, ok? Já sabe, não é?

— Está bem! Mas, vó, de "lesa" a senhora não tem nada.

— Olha!

— A senhora sabe que é brincadeira!

— Eu sei, meu filho.

— Vó, a senhora é demais! Mas podemos ir em frente?

— Sim, filho! Prometo ficar quietinha. Só vou interpelar se for necessário pedir mais explicações do que talvez eu não tenha entendido!

— Ok! Fique à vontade. E vamos em frente!

INTRODUÇÃO

Em qualquer lugar onde você esteja inserido, sempre haverá a possibilidade de comunicação entre duas ou mais pessoas, seja em um ambiente social, corporativo ou familiar. De acordo com o senso comum, quando a comunicação ocorre, cada pessoa – que passamos a considerar como interlocutor – troca informações baseadas em seu repertório cultural, em sua formação educacional, suas crenças, vivências, emoções e em toda a "bagagem" que traz consigo. Assim, o emissor (*eu*) e o receptor (*outro*) passam a se comunicar, cada qual com o seu repertório exclusivo e, portanto, transmitindo ou recebendo as informações segundo seu conjunto de particularidades, seu próprio filtro e suas experiências.

Em todos os meios da comunicação, sejam a fala, a mímica, os computadores, a escrita, a língua, o telefone, o rádio, a TV, entre outros, o emissor deve preocupar-se em minimizar os ruídos existentes para que a informação seja transmitida com a melhor qualidade possível; e o receptor, por sua vez, deve se portar de maneira aberta para recebê-la. Essa preocupação disseminou-se no mundo corporativo, que tem investido intensamente para garantir uma boa comunicação interpessoal.

O sucesso na comunicação não depende apenas da forma como a mensagem é transmitida, pois a compreensão dela também é fundamental! Lembre-se de que vivemos em uma sociedade de cultura diversificada e, às vezes, o que parece óbvio para o *eu* (emissor) não é para o *outro* (receptor). Devemos ser sempre objetivos e claros em nossa comunicação, sem nunca presumir que "o outro já sabe, eu não preciso ficar explicando, porque isso é óbvio".

A informação, depois de transmitida, deve ser acompanhada cuidadosamente por quem a transmitiu (*eu*) para saber se ela está chegando ao outro como o desejado; se o outro está entendendo de maneira correta o que foi transmitido ou se é preciso corrigir ou melhorar a comunicação. Quando recebemos a devolutiva de reforço ou de correção construtiva do outro, chamamos esse processo de ***receber um feedback***. E quando queremos dar uma devolutiva de reforço ou de correção construtiva ao outro, chamamos o processo de ***dar um feedback.***

Entenda, com atenção, o parágrafo anterior, antes de dar sequência à leitura. Compreendê-lo é fundamental para que deixemos de lado o senso comum de achar qualquer sinônimo para a palavra *feedback* e acreditar que ela se trata somente de tecer críticas. Esse conceito pode ser muito rico quando bem aplicado, porém, pode até ser destrutivo quando mal-entendido. Falaremos detalhadamente sobre esses assuntos, mas já considero ***você***, que está lendo este livro, uma pessoa diferenciada e fora do senso comum.

O *feedback* é uma das partes mais importantes da comunicação, pois, quando trabalhado correta e construtivamente, permite a criação de um ambiente em que tudo transcorre sem engano algum e há perfeito entendimento daquilo que é dito e sentido, sem mal-entendidos. Um sonho possível! Aqui você tem as ferramentas para torná-lo realidade.

Esse é o sonho que tantas corporações possuem. Sem falar das famílias, que, por uma série de motivos, não conseguem realizá-lo com naturalidade. E entre colegas e amigos? A falta de saber receber e dar um *feedback* promove intrigas, desafetos e até inimizades por falta da habilidade de elaborar corretamente a comunicação de maneira simples e objetiva.

Eu, diante de toda a vivência que tive em vários dos meios de comunicação que citei, preparei este livro com um conteúdo possível de ser aplicado no seu dia a dia. De maneira simples e prática, você terá em mãos o passo a passo, com **cinco dicas** para poder falar o que quiser, para quem quiser, sem que isso gere desafetos. Milhares de pessoas comuns aplicaram esses ensinamentos e se surpreenderam com os resultados.

Seguindo o passo a passo, com você não será diferente!

Essas dicas o levarão a um nível superior em sua comunicação e em suas relações interpessoais, com grandes possibilidades de desenvolvimento pessoal e profissional!

1. Os relacionamentos e o *feedback*

Quando o tema é *feedback*, logo vem à mente a palavra "crítica". Essa referência pertence ao senso comum, e logo conversaremos sobre esse assunto. Mas, "crítica", segundo a etimologia da palavra, vem do grego *kritikos*, "capacitado para fazer julgamentos", de *krinein*, "separar, decidir, julgar", relacionado a *krisis*, "julgamento, seleção". No indo-europeu, vem do prefixo *krei*, "peneirar, discriminar, distinguir".

Mas será que estamos realmente capacitados para criticar quando, na verdade, não detemos conhecimento total sobre coisa alguma?

Você concorda que, até mesmo sobre um assunto que conhecemos profundamente, sempre existirá algo de novo para aprendermos?

— Filho, e por que as pessoas têm dificuldade para aceitar uma crítica?

— Isso é chatice da pessoa. A vida nos ensina, de uma forma ou de outra, que devemos nos conhecer primeiro, antes de qualquer coisa. Hoje, na minha idade, vejo que aprendi mais pela dor do que por amor. Me arrependo!

— Hummm... Amoooorrrr!

— Acredito que é o melhor caminho. Mas esses jovens são assim mesmo: têm de ir pela dor.

— Você também? Te conheço faz tempo... Mas continue. Desculpe a interrupção, meu filho!

— Vó, eu sei. Por um longo tempo fui muito resistente em relação a isso. Mas ainda estou no caminho do aprendizado e, a cada dia, aprendo mais. Hoje, depois de algumas batalhas perdidas, se assim posso dizer, afirmo que me conheço um pouco mais, e existem, com certeza, muitas coisas que ainda não conheço. Isso que a senhora falou, "por amor ou pela dor", é a mais pura verdade.

Como estava dizendo, o *feedback* faz parte de nossa comunicação e está ligado diretamente aos relacionamentos interpessoais e ao relacionamento intrapessoal.

Mas o que são relacionamentos interpessoais e o que é o relacionamento intrapessoal?

Relacionamento interpessoal é a relação entre dois ou mais indivíduos. Esse tipo de relacionamento é marcado pelo contexto no qual está inserido, que pode ser familiar, escolar, de trabalho ou de comunidade. É a habilidade de interação com outros indivíduos, utilizando as competências sociais. O relacionamento é, em grande parte, a habilidade de gerir os sentimentos dos outros. É a base de sustentação da popularidade, da liderança e da eficiência interpessoal.

Pessoas com essa capacidade são mais eficazes em tudo o que diz respeito às interações interpessoais e aos relacionamentos interpessoais.

Relacionamento intrapessoal é a capacidade de integração do autoconhecimento, da autoestima, da automotivação e do autodomínio. O autoconhecimento, ou conhecimento de si, é ter a si próprio como objeto de investigação, é colocar a própria essência como a finalidade da busca. Quando nos investigamos, o que buscamos é saber "como" adquirimos conhecimento e "o que" conhecemos. Quando nos enxergamos como projeto ético, o que buscamos é a realização de algo que nos leve a ser mestres de nós mesmos e, consequentemente, seres humanos melhores. O conhecimento que a pessoa tem dela mesma está ligado à autoimagem, isto é, o conhecimento descritivo de si próprio; e a autoestima, ao reconhecimento dos próprios valores, à autoconfiança e à autoaceitação.

O relacionamento intrapessoal somado ao relacionamento interpessoal resulta no conceito da inteligência emocional. O relacionamento intrapessoal é a "base" do relacionamento interpessoal. É a *capacidade de identificar os nossos próprios sentimentos e os dos outros; de nos motivarmos e de gerirmos bem as emoções dentro de nós e nos nossos relacionamentos e, também, é a grande responsável pelo sucesso e pelo insucesso das pessoas.*

Sobre o autoconhecimento, apesar de estar na boca do povo, diz-se que é novidade. Mas quem diz isso está tremendamente enganado. Há mais de dois mil anos, um estrategista e filósofo chinês, o general Sun Tzu, fez a seguinte afirmação:

> *Se você conhece o inimigo e conhece a si mesmo, não precisa temer o resultado de cem batalhas. Se você se conhece, mas não conhece o inimigo, para cada vitória ganha sofrerá também uma derrota. Se você não conhece o inimigo nem a si próprio, perderá todas as batalhas.*

— Ok, filho, entendi. Mas o que isso tem a ver com a palavra "crítica", que você citou antes?

— Vó, a senhora é extremamente inteligente e proativa. Mas, de vez em quando, sinto que a senhora é ansiosa.

— Ah, menino! Olha o que diz! Ansiosa? Por quê? Onde você viu ansiedade aqui? Por que não esclarece isso logo? E me respeita...

— Então, vó! Vamos em frente!

A crítica é a parte da comunicação que pode levar pessoas a conflitos ou à possibilidade de uma melhora na conduta, no desempenho e nos resultados. É a parte fundamental do processo da comunicação que visa orientar as pessoas a apresentar um comportamento e um desempenho adequados a uma determinada situação.

Em todos os seguintes exemplos, de uma forma ou de outra, estamos recebendo *feedbacks*:

- Informalmente, no dia a dia, de pessoas com quem interagimos e que reagem àquilo que dizemos ou fazemos;
- Formalmente, de superiores que comentam o nosso desempenho no trabalho;
- De nossos subordinados que reagem à maneira como exercemos nossa liderança;
- De familiares, amigos, colegas, clientes e fornecedores, em todas as situações em que expomos a nossa forma de pensamento;
- De professores, facilitadores, mestres e mentores que nos auxiliam no desenvolvimento de nossas habilidades;
- De situações experienciadas pela primeira vez quando somos crianças, por exemplo, quando tocamos o fogo e, com a queimadura, aprendemos que é preciso manter uma distância segura dele;
- De nós mesmos, ao estabelecermos o limite de pressão que somos capazes de suportar, e ao considerarmos a maneira como somos afetados por nossas próprias ações e pelas outras pessoas.

Toda crítica que recebemos em relação àquilo que realizamos é de essencial importância para o nosso aprendizado e crescimento.

Aqui, quero abrir um parêntese para dizer que vou discorrer também sobre a crítica construtiva. Todos sabemos bem quando se trata de uma crítica destrutiva, que não leva à coisa alguma, não vale a pena sequer levá-la em consideração. Trata-se simplesmente de acusações sem fundamento e sem qualquer contribuição para o crescimento e amadurecimento. Dessa forma, só citei ela agora, pois focarei em desenvolvimento pessoal e profissional.

A crítica nos permite modificar nossa maneira de encarar e lidar com determinados assuntos e ideias, e trabalhar, se necessário, com mais empenho, em busca de melhores resultados.

Pessoas bem-sucedidas e grandes líderes sabem valorizar as críticas que recebem de chefes, subordinados, colegas, clientes, fornecedores, e no meio em que vivem. Essas pessoas aprendem a utilizar as críticas em benefício próprio.

Um líder nato, na verdade, é uma pessoa que busca críticas para poder melhorar seu desempenho. Assim como reconhece a necessidade e a importância de tecer críticas, mas fazendo-as sempre de maneira precisa, para aprimorar desempenhos e relacionamentos. A capacidade de criticar construtivamente, de saber recebê-las e utilizá-las em proveito próprio é fundamental. E não apenas no ambiente de trabalho, mas, também, nas relações sociais e familiares.

Essas críticas construtivas são o que chamamos de ***feedback**: quando recebemos a devolutiva de reforço ou de correção construtiva do outro, e quando queremos dar uma devolutiva de reforço ou de correção construtiva ao outro.*

O *feedback* ultrapassou os muros do mundo corporativo e é uma palavra cuja tradução, não muito precisa, é retroalimentação, retorno, resposta, crítica, análise crítica. É tão utilizada que passamos a entender o seu significado com fluência, sem necessidade de traduzi-la.

Cada capítulo deste livro levará você ao entendimento detalhado de como dar e receber um *feedback*. Assim, ao receber *feedbacks* você terá, se desejar, condições de transformá-los em uma oportunidade de crescimento pessoal. E, por outra via, poderá levar essa possibilidade ao outro, quando você der um *feedback* e ele souber filtrar o que escutou, de maneira construtiva.

— E aí, vó, ficou claro?

— É! Acho que me precipitei. Me perdoe! Você ficou chateado?

— De maneira alguma, vó!

— Mas você não falou nada e continuou discorrendo sobre o assunto... Eu sei que fiz uma cobrança indevida. É claro que entendi. A gente sempre aprende quando está aberto para isso. Entendi, também, o que você quis dizer sobre eu ser ansiosa. Muito obrigada! Olha só, aos 89 anos e ainda aprendendo com um menino...

— Ai, vó! Obrigado pelo "menino", mas também aprendo com os meus alunos, com as crianças e com todo mundo à minha volta. Cada pessoa tem, e teve, a sua vivência e experiência, não importa a idade que tenha. Ouvir e refletir sobre o que ouvimos, antes de soltar o verbo, é claro, não custa. O importante é ouvirmos mais.

— Deus nos deu dois ouvidos e uma boca. Será para quê? Hoje, meu filho, vejo que Deus me deu uma boca em dose tripla! Mas me controlo! Pois siga, você está indo bem!

2. Senso comum

Feedback, no sentido prático, é parte integrante da comunicação entre um "eu" e um "outro", a troca do que eles dizem e fazem, e a compreensão do impacto que essas trocas exercem um sobre o outro. É o que um e outro compreendem sobre aquilo que falam e fazem entre si. Mas, para entendermos melhor, deixe-me explicar algumas coisas que darão mais sentindo e tornarão mais fácil a compreensão.

Anteriormente, comentei sobre o senso comum. Todos nós usamos em nosso dia a dia o que é chamado de senso comum. Por meio dele, observamos e tentamos explicar o nosso próprio comportamento e o dos outros. Tentamos predizer quem fará o quê e quando. Muitas vezes, sustentamos opiniões sobre como controlar a vida e o melhor método para criar os filhos, fazer amigos, impressionar as pessoas, gerar resultados, administrar o dinheiro e até dominar o medo, por exemplo.

No entanto, o senso comum, que adquirimos informalmente, leva à obtenção de um corpo de conhecimentos inexatos por diversas razões. Ele não proporciona diretrizes sadias para a avaliação de questões complexas e seus conteúdos não podem ser considerados fontes confiáveis de informação.

Os princípios do senso comum tendem a acumular-se ao acaso e fora do alcance da crítica. As pessoas não avaliam sistematicamente as suas crenças para identificar os princípios que permanecem verdadeiros de modo geral, desprezando, então, os outros. Há, de fato, provas de que os seres humanos comuns tendem a passar a vida buscando apoio para as crenças que já têm e não considerando – ou ignorando – os dados que contradizem os seus pensamentos e valores.

A ciência, por outro lado, proporciona diretrizes lógicas para avaliar as evidências, e técnicas racionais para verificar os princípios que a regem. Em consequência, os cientistas que estudam o comportamento humano, geralmente confiam no método científico para obter as informações sobre o comportamento e os processos mentais. Eles perseguem objetivos científicos. A descrição e a explicação precisas conduzem ao acúmulo de um corpo integrado e internamente coerente de conhecimentos. Usam procedimentos científicos, inclusive observação e experimentação sistemáticas, para reunir dados que possam ser observados publicamente. Esforçam-se, por exemplo, para proteger seu trabalho contra distorções, valores e crenças pessoais, apesar de saberem o quanto isso é difícil.

O nosso foco aqui é procurar nos conhecermos um pouco mais, baseados em técnicas que nos mostram como tirar o melhor proveito de todo o nosso potencial, a fim de atingirmos melhores resultados em nossas vidas pessoais e profissionais.

Desta forma, ao ter contato com traços comportamentais pessoais, conseguiremos utilizar recursos que, até então, poderiam não estar sendo utilizados.

— Pera aí, deixa eu ver se entendi. Senso comum é o modo como eu e as pessoas pensamos, de acordo com as experiências e vivências que cada um teve em sua vida? São as observações do mundo ou das situações pelas quais passei, feitas a partir do meu próprio ponto de vista?

— Fantástico, vó! É isso, mesmo. Acredito que se eu quisesse resumir o que falei não falaria tão bem.

— Então, meu filho, o que tem de errado?

— Não tem nada de errado, mas quem falou que essas experiências e vivências que a senhora e as outras pessoas tiveram, levam em consideração e admitem como certas estão realmente certas? Será que, em algum momento, a senhora já parou para pensar que se tivesse feito alguma coisa de outra maneira poderia ter outro resultado?

— Sim, pensando dessa forma, acredito que sim. Talvez eu poderia ter tido outro resultado! Mas me dê um exemplo.

— Por exemplo: a senhora lembra, anos atrás, quando te ensinei a organizar as suas contas, que eram uma bagunça, e a

senhora vivia pagando tudo atrasado porque não sobrava tempo e tudo mais?

— Nossa! Lembro sim! Como foi bom o que me ensinou.

— Então... A senhora se lembra quando comecei a ensinar um monte de coisas novas e importantes para fazer controles, se organizar e todos aqueles detalhes?

— Sim! Discutimos muito, naquela época.

— E o que ficou mais forte para a senhora daquelas discussões? A senhora lembra um pouco do que me falava?

— Lembro, opa! Como se fosse hoje. E, depois que aprendi, lhe agradeci e agradeço muito.

— Mas a senhora pode, por favor, me repetir algumas coisas que falou na ocasião?

— Ah! Eu falava que o meu marido tinha me ensinado daquele jeito e que era da forma como todas as minhas amigas faziam. Sempre que nos reuníamos, conversávamos muito sobre como era difícil e complicado lidar com tudo, e que tínhamos mesmo é que nos conformar com aquela situação e...

— Opa! Pera aí, vó! Nem precisa continuar, pois era justamente isso que eu queria que a senhora se lembrasse. Tudo o que a senhora falava era o senso comum. O ambiente em que a senhora estava inserida, onde convivia. A sua resistência era com relação ao novo; ao ter de fazer de uma maneira diferente, de controlar as coisas de forma diferente, de saber tudo o que a senhora podia e o que não podia fazer. Quando começou a me ouvir e a fazer de forma diferente, a senhora começou a ter

resultados diferentes e começou a contar para as suas amigas o que estava fazendo e tendo novos resultados, não foi?

— Sim, me lembro. Eu contava para elas que estava sobrando dinheiro, que já não pagava mais as contas com atraso, que me planejava para fazer viagens em grupo, e algumas de minhas amigas, que eu considerava amigas, ficavam até falando que eu recebia dinheiro de alguém. Algumas até se afastaram. Sério!

— É verdade... Eu me lembro! Então, essa era a realidade, o senso comum em que a senhora estava inserida.

— Ah! Agora, sim! Entendo melhor!

— Se queremos ter resultados diferentes temos que nos portar, fazer e pensar de forma diferente. Pois, senão, como sempre digo, se você continua fazendo as mesmas coisas, terá os mesmos resultados.

— Hum!

— Ótimo, vó! Então vamos adiante, que estamos evoluindo no assunto.

— Segue, meu filho. Já estou gostando!

— Que bom! E isso porque a senhora nem viu tudo o que ainda temos pela frente.

— Para que me deixar ansiosa? Vamos em frente.

3. Cientistas do comportamento

Citei cientistas do comportamento e a ciência que estuda as atitudes das pessoas. Neste capítulo, falarei brevemente sobre como tudo isso funciona e no que resultam esses estudos. Serei bem sucinto. Mas, será muito bom se você puder buscar mais entendimento e se aprofundar na ciência do comportamento.

Aqui, podem ter certeza de que, ao lerem esta obra, terão conteúdo baseado, em grande parte, nesses mesmos cientistas e suas obras. Você terá um resumo e entenderá que segui não apenas o meu raciocínio, mas pude entender o que esses cientistas fizeram, os pensamentos que eles tinham.

Por tê-los estudado muito profundamente, continuo a estudar ainda mais. Sou um apaixonado por esse campo do conhecimento referente aos comportamentos humanos. Inclusive, é por isso que muita gente me considera um especialista em comportamentos ou, como dizem, um especialista em processos mentais. Me procuram, e eu, como mentor, *coach* e psicanalista, auxílio pessoas – físicas e jurídicas – a sair do seu estado atual para alcançarem aquilo que desejam, querem e decidem mudar em suas vidas.

O meu objetivo é levar você ao entendimento necessário para que tenha em suas mãos o que necessita para receber e dar um bom *feedback*. Ou seja, para falar o que quiser, para quem quiser.

****

A psicologia nasceu da filosofia. Vários foram os filósofos que, durante muito tempo, conversaram sobre comportamentos humanos e nos deixaram pérolas que são ditas até hoje, as quais, muitas vezes, nos inspiram, como:

"Aja antes de falar e, portanto, fale de acordo com os seus atos."

Confúcio

"Viver sem filosofar é o que se chama ter os olhos fechados sem nunca os haver tentado abrir."

René Descartes

"É parte da cura o desejo de ser curado."

Sêneca

"Tente mover o mundo. O primeiro passo será mover a si mesmo."

Platão

No final do século XIX, cientistas do comportamento humano começaram a estudar a estrutura do pensamento para dar um melhor significado aos comportamentos humanos. Entre muitos estudiosos e cientistas, atualmente, alguns são considerados ícones que nos dão condições de entender melhor sobre como podemos nos conhecer, para, então, termos condições de conhecer o outro, minimizarmos ao máximo os possíveis conflitos existentes em nosso dia a dia e sabermos melhor receber e dar um *feedback*.

3.1 Estruturalismo

Wilhelm **Wundt** é considerado o fundador da Psicologia moderna. A Psicologia se tornou uma ciência independente da Filosofia, no final do século XIX, graças a Wundt. Ele criou o que, mais tarde, seria chamado por Edward Titchener de Estruturalismo, cujo objeto de estudo era a estrutura consciente da mente e das sensações por meio da introspecção. O fato de a introspecção não ser verdadeiramente um método científico incontestável fez com que essa corrente fosse extinta em meados do século XX.

3.2 Funcionalismo

O Funcionalismo é o modelo que substituiu o Estruturalismo na evolução histórica da Psicologia, sendo **William James** o seu principal impulsionador. O principal interesse dessa corrente teórica residia na utilidade dos processos mentais para o organismo, nas suas constantes tentativas de se adaptar ao meio. Os funcionalistas queriam saber como a mente funcionava, e não como era estruturada. O ambiente é um dos fatores mais importantes no desenvolvimento e para se saber sobre os comportamentos.

3.3 Behaviorismo

A tradução da palavra inglesa *behavior* é "comportamento". Logo, o foco de estudo do comportamentismo ou comportamentalismo (título traduzido) é o comportamento observável, e o condicionamento é o método utilizado nessa escola. Foi fundada por John B. **Watson** (behaviorismo metodológico), que acreditava que o controle do ambiente de um indivíduo permitia desencadear qualquer tipo de comportamento desejável. Traz do Funcionalismo a aplicação prática da Psicologia; o seu foco está na aprendizagem.

Mas foi Burrhus Frederic **Skinner**, o maior autor neocomportamentalista, que trouxe à tona as noções de condicionamento operante e modificação do comportamento (behaviorismo radical).

Vários autores escreveram sobre o pensamento e a cognição. Ao afirmarem que o pensamento fazia parte do comportamento, criavam uma divisão no Behaviorismo: a Psicologia Cognitiva. Alguns autores desta escola foram Albert **Bandura**, Julian Rotter e Aaron Beck.

O Behaviorismo é chamado de a **primeira grande força** da Psicologia: o estudo dos comportamentos.

3.4 Psicanálise

Um dos marcos que o século XX deixou para a posteridade foi a Psicanálise, a segunda força da Psicologia. Esse século de explorações e conquistas trouxe a descoberta do inconsciente e dos processos mentais dos quais o indivíduo não se dá conta como uma etapa significativa da busca por si mesmo que o homem realiza.

O pai dessa descoberta foi **Sigmund Freud**, que, depois de estudos sobre histeria e autoanálise, da formulação de sua Teoria de Interpretação dos Sonhos, da criação dos conceitos de "inconsciente", "pré-consciente", "consciente", "*id, ego* e *superego*" e da ampliação e modificação das ideias anteriores, se autodeclarou um "Arqueólogo". Ele dizia que cavava a "psique humana atrás de pistas" que o ajudassem a "entender os mitos e os mistérios da cultura" escondidos sob a superfície.

A Psicanálise é considerada a **segunda grande força** da Psicologia.

3.5 Existencial/Humanista

Carl Ransom Rogers, o ícone da **terceira força da psicologia**, apoiou seu trabalho em sólidas pesquisas e observações no contexto clínico, e defendeu que o núcleo básico da personalidade humana era a tendência à saúde e ao crescimento. Seu pensamento sofreu modificações ao longo de sua trajetória. O termo Existencial/Humanista traz a ideia de uma Abordagem Centrada na Pessoa, acreditando que a pessoa, o ser humano, tem potencial para mudança, bem como possui um núcleo básico da personalidade direcionado à sua saúde e tem como questão fundamental a sua relação com o passado e o presente.

A Psicologia Humanista surgiu durante a década de 1950 como uma reação à Psicanálise e ao Behaviorismo, que dominavam a Psicologia naquele momento. A Psicanálise estava focada em compreender as motivações inconscientes que orientam o comportamento, enquanto o Behaviorismo estudava os processos de condicionamento que produzem comportamentos. Pensadores humanistas sentiram que tanto a Psicanálise quanto o Behaviorismo eram demasiado pessimistas, fosse focando o mais trágico das emoções, ou mesmo não levando em conta o papel da escolha pessoal.

A Psicologia Humanista decidiu focar no potencial de cada indivíduo e salientou a importância do crescimento e da autorrealização. A crença fundamental da Psicologia Humanista é que as pessoas são naturalmente boas e que os problemas mentais e sociais resultam de desvios dessa tendência natural. O Humanismo também sugere que as pessoas são motivadas pelo livre-arbítrio para seguir as coisas que irão ajudá-las a alcançar todo o seu potencial como seres humanos.

Essa necessidade de realização e crescimento pessoal é um motivador-chave de todo o comportamento. As pessoas estão sempre à procura de novas formas de crescer, de se tornarem melhores, em busca de aprender coisas novas, de experimentar um crescimento psicológico e de autorrealização.

Em 1962, **Abraham Maslow** publicou *Toward a Psychology of Being*, e nesta obra descreve a Psicologia Humanista como a "**terceira força**" em Psicologia. No processo de entendimento da mente e do comportamento humano ela acrescentou uma visão mais holística do indivíduo.

O movimento humanista teve influência e contribuiu com novas formas de pensar sobre a saúde mental, e ofereceu uma abordagem para a compreensão de comportamentos humanos e motivações, além de levar ao desenvolvimento de novas técnicas e abordagens para a psicoterapia.

3.6 Transpessoal

Carl G. Jung, Viktor Frankl, Stanislav Grof, James Fadiman e Anthony Sutich uniram-se a Maslow e estudaram o comportamento por uma perspectiva transpessoal. Essa abordagem surge depois de todo o desenvolvimento do Behaviorismo, da Psicanálise e do Existencial/Humanista para pensar o humano de forma holística e superando oposições (certo x errado; bem x mal; passado x presente x futuro), para considerar o aspecto transcendente da vida, o que veio a fortalecer, de forma definitiva, a **quarta força da psicologia**.

4. Andragogia

Falarei deste assunto por praticá-lo e incluí-lo em todos os meus treinamentos e atividades que envolvem adultos, pois respeito muito as pessoas que estão diante de mim – em atendimentos, treinamentos, consultorias, mentorias – ou diante dos meus textos, como você que lê este livro.

Um outro motivo é o meu desejo pessoal de que este conteúdo possa trazer resultados positivos para a vida de todos, pessoal e profissionalmente, e a Andragogia tem muito a contribuir com isso, afinal, é uma metodologia simples e fácil para abrir possibilidades e facilitar o entendimento e a introjeção do conhecimento nos adultos. Andragogia é a arte ou ciência de orientar adultos a aprender, é a capacidade de promover entendimento.

****

Para que o aprendizado ocorra, será fundamental que você esteja aberto a colocar em prática novas formas de lidar com determinadas situações. Ao ler isso, você pode ter determinadas sensações incômodas e até vontade de parar de ler para evitar essas novas possibilidades. Eu entendo. Mas é, nada mais, nada menos, que uma maneira diferente, simples e possível de lidar com mais objetividade para ter resultados melhores.

Tal resistência já é um dado importante para o seu autoconhecimento. Superá-la e continuar a ler é o mesmo que se abrir para novas possibilidades e para o desejo de ter novos resultados. Parabéns! Este é o principal intuito.

****

O termo *andragogia* foi criado em 1970 e remete a um conceito de educação voltada para o adulto, em contraposição à Pedagogia, que se refere à educação de crianças. Para alguns educadores, é um conceito amplo de educação do ser humano em qualquer idade. A Organização das Nações Unidas para Educação, Ciência e Cultura (UNESCO), por sua vez, já utilizou esse termo para referir-se à educação continuada.

Trata-se de uma ciência que estuda as melhores práticas para orientar adultos a aprender. É preciso considerar que a experiência é a fonte mais rica para a aprendizagem de adultos, pois estes são motivados a aprender conforme vivenciam necessidades e interesses que poderão ser satisfeitos por novos conhecimentos.

— Filho, por que utilizar a Andragogia se, por exemplo, eu estou aqui para aprender e não preciso de motivação?

— Vó, será que não precisa? Será que lá no fundo não existe uma intenção positiva sua em querer aprender? E eu falo isso não apenas para a senhora, mas para todos nós, adultos. Quando estamos diante de um novo aprendizado, podem existir resistências. Por isso, quando lido com adultos, procuro buscar todas as informações possíveis. Quanto mais dados eu tenho sobre quem ensino ou oriento, mais chances tenho de adaptar e melhorar a forma como ensino. Quando a questionei sobre "uma intenção positiva" foi porque, como eu disse, pode haver resistência em determinados momentos. Essa resistência pode ser, nada mais, nada menos, do que um respeito ao passado e a toda a sua vivência. Uma necessidade de se proteger ao permanecer com o já conhecido, ou até a tentativa de se agarrar a coisas positivas que teve no passado, e assim por diante. Mas ainda vou falar mais a respeito disso.

Os adultos, de modo geral, possuem um conteúdo já introjetado, baseado em seu repertório cultural, em sua formação educacional, em suas crenças, vivências, emoções e em toda a "bagagem" que trazem consigo, como já dissemos anteriormente. Essa introjeção de conteúdo é o processo por meio do qual uma pessoa absorve, como parte integrante do *ego*, comportamentos observáveis e qualidades inerentes a esses comportamentos. É a chamada interiorização. A introjeção desempenha um papel importante também na formação do *superego*.

É por isso que os adultos manifestam uma dificuldade em adotar novos comportamentos, principalmente quando estes irão substituir algum já existente. Isso exige a quebra de algumas crenças. Logo, é bom cuidar da forma como se apresentam novos conteúdos para o adulto, para evitar conflitos internos – entre o que ele considera como regra e o que os desejos dele gostariam que acontecesse – e para levá-lo a fazer a melhor escolha para o seu desenvolvimento.

O modelo andragógico baseia-se nos seguintes princípios, que facilitam a aprendizagem do adulto:

1. **Necessidade de saber** – Adultos precisam saber por que precisam aprender algo e qual o ganho que terão no processo.
2. **Autoconceito do aprendiz** – Adultos são responsáveis por suas decisões e por sua vida; portanto, querem ser vistos e tratados pelos outros como capazes de se autodirigir.
3. **Papel das experiências** – Para o adulto, as suas experiências são a base do seu aprendizado. As técnicas que aproveitam essa amplitude de diferenças individuais serão mais eficazes.
4. **Prontidão para aprender** – O adulto fica disposto a aprender quando a ocasião exige algum tipo de aprendizagem relacionada a situações reais do seu dia a dia.
5. **Orientação para aprendizagem** – O adulto aprende melhor quando os conceitos apresentados estão contextualizados para alguma aplicação e utilidade.

6. **Motivação** – Adultos são mais motivados a aprender por valores intrínsecos: autoestima, qualidade de vida, desenvolvimento.

— Filho, então quer dizer que o adulto leva em conta o teste de São Tomé: ele tem de ver para crer?

— Não posso generalizar, vó. Mas cada ser humano tem uma finalidade específica, uma vontade singular para querer aprender algo novo.

— Então os adultos, além do teste de São Tomé na cabeça, diante do novo conhecimento proposto, querem saber o que vão ganhar com aquilo? Além disso, quem ensina deve ter o cuidado de deixar que o adulto aprendiz se sinta autossuficiente? E quem ensina deve promover situações para que o adulto aprenda na prática, com vivências? Deve, ainda, fazer com que o adulto veja que o que está sendo ensinado poderá torná-lo mais produtivo, será importante para o seu dia a dia, trará mais autoestima, qualidade de vida e desenvolvimento? É tudo isso mesmo?

— Sim, vó! Tem de ver para crer. E a senhora: por qual motivo está aqui?

— Eu? Nada não. Nenhum deles. Estou aqui porque quero me aperfeiçoar.

— Vó, e aperfeiçoar não é se desenvolver?

— Bom... Ah, filho, sei lá! Sei que estou aqui para isso. Pronta.

— Então, já que a senhora se encaixa em uma das situações, deixa eu continuar...

O adulto aprende melhor quando se encontra em uma das alternativas acima. A maioria dos adultos se enquadra em alguma delas, mas o que os bloqueiam são as suas defesas do *ego*, que não permitem que eles sejam mais abertos e flexíveis aos novos aprendizados, principalmente quando estes vêm de uma pessoa mais nova.

A esta altura, você deve estar querendo perguntar: "O que eu ganho com as cinco dicas para falar o que quiser, para quem quiser?"; ou, ainda: "Por que eu devo ler este livro até o fim?".

Desde 1998, quando tive o primeiro contato com este conteúdo – saber ouvir, dar e receber *feedbacks* –, eu aprendi muito. E muitas coisas boas aconteceram em minha vida profissional e pessoal. De lá para cá, em todos os meus treinamentos e vivências falo sobre a importância do *feedback*, por acreditar que ele é um item fundamental para que quem deseja ser um bom líder tenha em suas mãos aquilo que necessita e seja um facilitador de muitas situações cotidianas.

Além de trazer autoconhecimento, essa ferramenta é imprescindível para melhorar as relações interpessoais, a comunicação e, consequentemente, os resultados no seu dia a dia. Afinal, para tudo o que quisermos fazer nesse mundo, sempre precisaremos também de alguma interação com alguém. Logo, desejo que você tenha bom proveito e uma ótima leitura.

5. Instâncias da personalidade

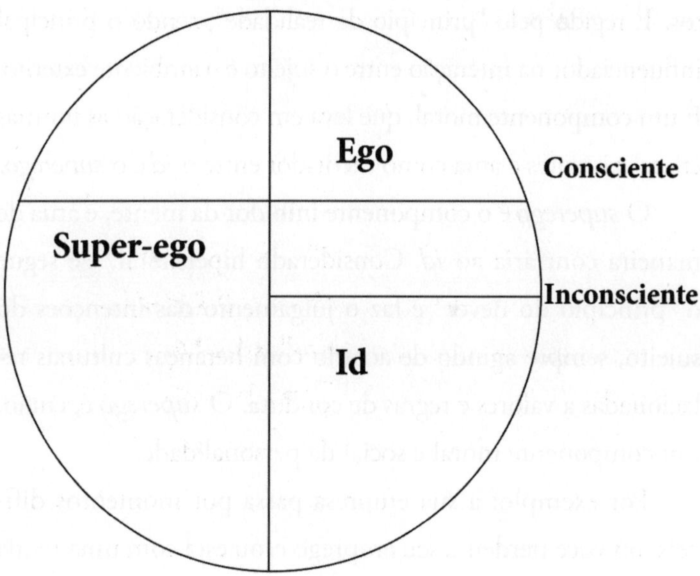

Id, *ego* e *superego* são conceitos criados para explicar o funcionamento da mente humana, considerando aspectos conscientes e inconscientes. São três "partes" da mente que, integradas e atuando em conjunto, determinam e coordenam o comportamento humano.

O *id* é regido pelo "princípio do prazer". Está relacionado à ação de impulsos e é considerado inato. Está localizado na zona inconsciente da mente, sem ter acesso à "realidade" consciente e ética, e, portanto, agindo apenas a partir de estímulos instintivos – o que lhe atribui a característica de amoral, por ter vontade de fazer o que desejar.

O *ego* é a parte consciente da mente, sendo responsável por funções como percepção, memória, sentimentos e pensamentos. É regido pelo "princípio da realidade", sendo o principal influenciador na interação entre o sujeito e o ambiente externo. É um componente moral, que leva em consideração as normas éticas existentes e atua como mediador entre o *id* e o *superego.*

O *superego* é o componente inibidor da mente, e atua de maneira contrária ao *id.* Considerado hipermoral, ele segue o "princípio do dever" e faz o julgamento das intenções do sujeito, sempre agindo de acordo com heranças culturais relacionadas a valores e regras de conduta. O *superego* é, então, um componente moral e social da personalidade.

Por exemplo: a sua empresa passa por momentos difíceis, ou você perdeu o seu emprego e/ou está com uma renda mensal abaixo do seu padrão normal. Você está em casa sem coragem de falar para o seu parceiro ou sua parceira que precisam cortar gastos. A outra pessoa se aproxima de você, como quem irá lhe perguntar algo.

- A tendência do seu *id* é, imediatamente, ir para o computador, ou falar que irá visitar um amigo, ou inventar algo que tinha esquecido de fazer e que precisa fazer naquele instante.
- O *superego* manifesta posição contrária. Ele lhe "diz" que é totalmente desnecessário ir para o computador, visitar um amigo ou fazer o que tinha esquecido naquele momento. O mais importante mesmo é você conversar a respeito, para não deixar as contas se acumularem, o que pode resultar em mais problemas financeiros, e que você deve fazer isso, mesmo que o outro seja reticente a falar sobre este assunto.
- O *ego*, por sua vez, mediará o conflito interno e criará possibilidades, como, por exemplo: "As coisas não estão indo muito bem, acredito que o dinheiro não vai dar para as contas" ou "estava pensando, diante de todo este momento econômico que estamos vivendo, que tal fazermos um curso para sabermos administrar melhor o dinheiro a dois?".

— *Ótimo, filho! Ficou bem claro! E uma outra coisa que a pessoa poderia falar também: "o gato financeiro subiu no telhado".*

— *Ai, vó! A senhora não tem jeito mesmo!*

— *Mas filho, tem outro exemplo?*

— *Sim, vários. Vejamos mais um:*

Um pedestre – protagonista do exemplo – está andando na calçada do centro da cidade com um trânsito um tanto quanto caótico. Está ligeiramente atrasado, aproximando-se de uma avenida que precisa atravessar. Ele percebe que o semáforo está na iminência de ficar verde para os motoristas, pois vê o sinal para os pedestres piscar em vermelho. Nota, também, ansiedade num certo motorista e num motociclista parados no semáforo esperando o sinal verde.

Nesse momento, em que *id*, *ego* e *superego* medem suas forças, pode acontecer:

- Se o pedestre se submeter ao *id*, ele sairá correndo na frente dos carros.
- Caso o *ego* prevaleça, ele irá esperar um pouco para os mais ansiosos avançarem o sinal verde, o movimento diminuir e, percebendo que não há mais perigo, irá atravessar.
- Se o *superego* dominar os outros dois, ele ficará parado, esperando que o sinal abra novamente para ele, mesmo estando atrasado.

— *Boa, filho. Siga!*

6. Compreendendo mais o "eu" e o "outro"

Nas relações interpessoais, quanto mais nos conhecemos, melhor. Toda relação com outra pessoa cria um espaço onde o "eu" e o "outro" interagem. Mas quem falou que podemos conhecer bem o "outro" se ainda falta muito para conhecermos a nós mesmos, o "eu"?

Joseph Luft e Harrington Ingham, em 1955, criaram uma ferramenta, a Janela de JOHARI (JO de Joseph e HARI de Harrington), que tem como objetivo auxiliar no entendimento das relações interpessoais. Trata-se de um espaço, uma janela, em que uma pessoa, duas ou uma equipe/grupo escreve sobre o conhecimento de si ("eu") e sobre o relacionamento com os outros ("outro").

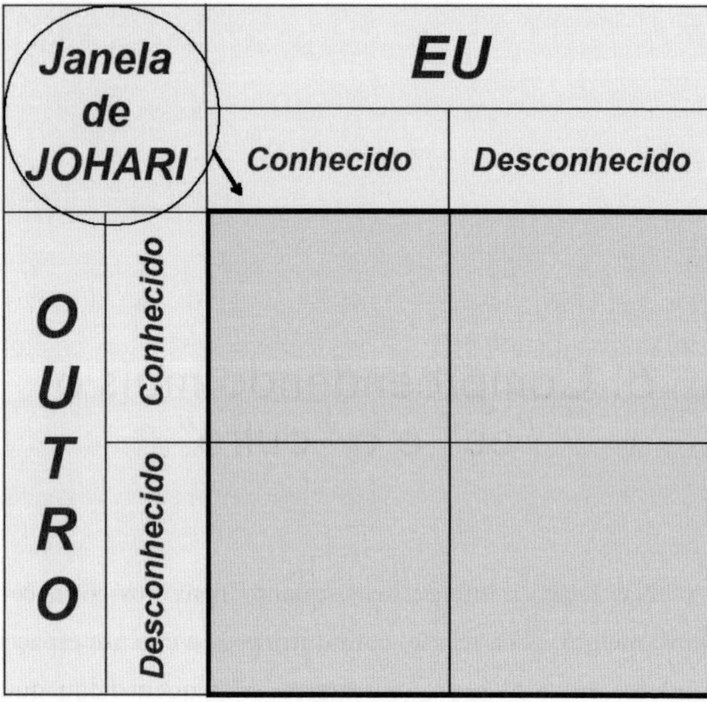

Essa ferramenta possibilita, especialmente, que o "eu" se situe nas janelas (quadrantes) horizontais, percebendo o que **conhece** e **desconhece** sobre si mesmo; e que, nas janelas (quadrantes) verticais, situe aquilo que corresponde ao "outro". Com ela, o "eu" entende o que é conhecido pelo *ego*, ou seja, o que é consciente, e o que é desconhecido pelo *ego*, ou seja, o que é inconsciente.

Interpretando a janela, pode-se perceber que em um relacionamento e na comunicação entre duas ou mais pessoas estão implícitos:

No 1º quadrante, o "eu" conhece a si próprio e permite que o "outro" também o conheça;

No 2º quadrante, o "eu" não conhece a respeito de si próprio, mas o "outro" conhece a respeito do "eu";

No 3º quadrante, o "eu" conhece a respeito de si próprio, o "outro" não conhece e talvez nunca ninguém conhecerá;

No 4º quadrante, nem o "eu" nem o "outro" têm conhecimento a respeito do "EU", uma janela totalmente sem conhecimento, inconsciente e de potenciais a serem explorados.

— Filho, espera aí! Como assim? Que negócio maluco: me conheço, não me conheço!

— Calma, vó! Vou explicar um por um.

— Ah! É bom mesmo. Deu um nó na minha cabeça.

Vamos conhecer cada quadrante?

1° quadrante

Janela de JOHARI		EU	
		Conhecido	Desconhecido
OUTRO	Conhecido	Espaço/Área Livre ou Pública	
	Desconhecido		

O 1º quadrante é a área denominada como área "Livre ou Pública". Esta área é onde a comunicação é mais tranquila e sem dificuldade alguma. O "eu" tem conhecimento de si próprio e permite que o "outro" o conheça também. É onde tudo é transparente para ambos. Os dois, o "eu" e o "outro", se relacionam muito bem, pois o "outro" conhece bem a respeito dos valores, das crenças, da personalidade, das dificuldades, dos potenciais do "eu".

Nessa área, há uma sinergia e flui uma energia boa entre as pessoas que se relacionam. É onde, efetivamente, ocorre uma relação interpessoal produtiva. A confiança e a autoestima são primordiais para que essa área se amplie. Quanto mais ampla for essa área, mais produtiva e qualificada será a relação. Aqui, nenhum problema entre os envolvidos fica sem solução, pois tudo é resolvido de forma definitiva.

2° quadrante

<table>
<tr><td colspan="2" rowspan="2">Janela de JOHARI</td><td colspan="2">EU</td></tr>
<tr><td>Conhecido</td><td>Desconhecido</td></tr>
<tr><td rowspan="2">OUTRO</td><td>Conhecido</td><td></td><td>Espaço/Área CEGA ou MAU HÁLITO</td></tr>
<tr><td>Desconhecido</td><td></td><td></td></tr>
</table>

O 2º quadrante é a área denominada como "cega" ou "mau hálito". Essa área é onde a comunicação para o "eu" é incômoda, pois existem aspectos que o "outro" sabe e vê a respeito do "eu" e que, muitas vezes, o "eu" desconhece, **ainda** desconhece ou **não deseja** conhecer.

Pode ser que, nessa área, o *ego* negue o conhecimento, como um mecanismo de defesa, ou, realmente, não tenha conhecimento. É uma área cega ao conhecimento do "eu". Denominei como uma área de mau hálito pessoal, indigesta, em que o "eu" se incomoda em saber que o "outro" conhece aspectos dele. Os "outros" veem em nós, mas não somos capazes de ver, **ainda** não somos capazes de ver ou **não desejamos** ver.

— Pera aí! Como assim desconheço e o outro conhece? Não entendi. Me explica isso.

— Vó, por isso que é uma área que incomoda. Porque, às vezes, os outros têm conhecimento de determinados aspectos sobre nós que desconhecemos, "ainda" desconhecemos ou sequer desejamos conhecer um dia.

— Como assim?

— Siga o meu raciocínio: no meio em que a senhora vive, pode existir alguma situação em que a senhora vê uma pessoa conhecida ou amiga ter um determinado comportamento. Só que a senhora percebe que, se ela continuar agindo daquela maneira, terá determinados resultados que não deseja ou nem percebe que poderão ocorrer. Isso não é verdadeiro para a senhora? Existe alguma situação que se encaixa nessa realidade que citei?

— Sim! Conheço um monte de situações assim. Por exemplo: tenho uma amiga que é muito fofoqueira e vive falando dos outros para todo mundo. Já aconteceu de grandes discussões ocorrerem por causa disso. Por mais que eu e outros tentemos falar para

ela parar de agir assim, parece que ela não escuta e continua tendo sempre o mesmo comportamento. Isso incomoda muitas pessoas do nosso círculo de amigas.

— Então, vó! Significa que a senhora e as pessoas que veem esse comportamento dela talvez saibam mais do que ela mesma sobre esse comportamento específico. Por mais que a senhora e as suas amigas já tenham tentado falar para ela sobre esse comportamento, ou ela não tem conhecimento, ou "ainda" não tem conhecimento, ou não quer mesmo tomar conhecimento. Ou, ainda, ela tem conhecimento e não quer mudar.

— É verdade!

— Será que ela não reconhece ou não quer reconhecer?

— Meu filho, eu juro que não sei, mas pode ser.

— Será que não foi a maneira "como" vocês falaram e não "o que" falaram?

— Nossa! Será?

— Acompanhe a nossa conversa e o raciocínio que acredito que a senhora terá uma surpresa no final. Vou guardar essa situação e voltaremos depois para falar a respeito. Pode ser?

— Sim, pode. Significa que eu reconheço mais coisas a respeito dela do que ela mesma ou ela ainda não reconhece ou não quer reconhecer.

— Fantástico! É isso mesmo!

— Pois siga em frente.

— Ok! Olha que interessante: a senhora reconhece mais coisas a respeito dela do que ela mesma.

— Sim. Foi isso mesmo que eu falei!

— E... Será que as pessoas também não podem conhecer mais da senhora do que a senhora mesma? Pode ser que a senhora tenha comportamentos que desconhece, "ainda" desconhece ou não quer reconhecer. Será que a senhora se conhece totalmente, mesmo aos 89 anos de idade?

— Nossa! Será que eu tenho comportamentos que, talvez, eu ainda não reconheça?

— Vó, gostei da colocação do "ainda". Mas, sim, é possível.

— Ah! Agora entendi esse último quadrante que você falou. É mais fácil para o ser humano apontar o dedo para os outros do que propriamente enxergar os seus próprios defeitos.

— Simplesmente assim! Mas, mais à frente, nos aprofundaremos a esse respeito. Neste momento, concorda que podem existir coisas, ações ou comportamentos que os outros sabem ou percebem a respeito da senhora e que a senhora não sabe, "ainda" não sabe e talvez possa não querer saber?

— Vendo dessa forma, sim! Mas que chato isso de as pessoas saberem coisas ao meu respeito e eu não. Quero que elas me falem.

— Por isso que eu denominei como área de "mau hálito", vó. Algumas vezes, estamos com mau hálito e nem percebemos. As pessoas percebem que estamos com mau hálito, mas têm dificuldade em nos falar. Entretanto, só teremos consciência disso se alguém nos disser.

— É verdade!

— Pois então...

3° quadrante

Janela de JOHARI		EU	
		Conhecido	Desconhecido
OUTRO	Conhecido		
	Desconhecido	Espaço/Área SECRETA, PRIVADA ou OCULTA	

O 3º quadrante é a área denominada como SECRETA, PRIVADA ou OCULTA. É o espaço em que a comunicação está restrita ao "outro", ao qual, talvez, ninguém nunca tenha acesso. Esta área é aquela da qual somente o "eu" ou bem poucas pessoas têm conhecimento. Aqui, estão aquelas coisas que o "eu" não mostra para qualquer um, ou, talvez, nunca mostre para ninguém.

Talvez, nesse quadrante, o *id*, uma das instâncias da personalidade, seja mais presente no "eu". Aqui, estão sentimentos, motivações e situações que o "eu" guarda escondido porque considera a revelação destes como imprópria. Não quer manchar sua reputação.

Por isso, enquanto o "eu" reconhecer tais fatos em relação a si mesmo como impróprios, o "outro" não chegará a reconhecer e, talvez, ninguém jamais conheça. Isso **pode** criar situações de embaraço nos relacionamentos ou impeditivos para o "eu" ao lidar com determinadas situações.

— *É nesse quadrante que eu guardo tudo aquilo que só o meu falecido marido sabia. Hum... Delícia!*

— *É verdade, vó. É neste quadrante também que estão guardadas todas aquelas fantasias mais íntimas, que a senhora não sai por aí falando para qualquer um.*

— *Que é isso, meu filho? Não falo mesmo! E estou vendo que, quando fechar os meus olhos de vez, eu levarei para o outro lado tudo junto comigo.*

— *É, mas, às vezes, a solução está em procurar um profissional da área comportamental – por exemplo, um psicanalista – para se abrir e se libertar de determinadas neuras ou fixações que, eventualmente, possam atrapalhar o seu desenvolvimento.*

— *Como assim?*

— *Exatamente assim, vó. Podem ter ocorrido alguns acontecimentos em determinadas fases de nossa vida – principalmente entre a infância e a adolescência – que determinaram aspectos de comportamentos que temos em nossa vida atual.*

— *Ah, é verdade. Você me fez lembrar de uma psicóloga que veio me recomendar, logo depois que o meu marido faleceu, que eu procurasse um profissional da área para me ajudar, pois existiam situações que vivi na minha infância que me impediam de ver determinadas coisas.*

— A senhora foi muito inteligente. Por isso te admiro como pessoa e como um ser humano fantástico, de cabeça aberta e feliz. Vai atrás e resolve!

— Que é isso, meu filho! Eu é que te agradeço. Você me ajuda bastante.

— Sabe, vó, eu auxilio as pessoas que querem ser ajudadas. Não posso forçar, muito menos querer. Mas, sim, as pessoas é que devem querer. Mas aqui eu não vou me aprofundar. Se as pessoas quiserem, estou aqui. Falarei do primordial para que a senhora e o nosso leitor possam, principalmente, receber um bom feedback. *E, quando isso acontecer, todos se conhecerão mais e se tornarão pessoas e profissionais mais competentes e requisitados.*

Nessa área do 3º quadrante também estão informações que o "eu" escolhe como serão apresentadas para o "outro". Muitas vezes, são utilizadas "máscaras" para esconder alguns temores, fazendo com que o "eu" permaneça na defensiva, com receio de que o "outro" conheça os seus sentimentos, opiniões e percepções sobre os outros e sobre si mesmo, e, por isso, o ataque, rejeite ou prejudique de alguma maneira. O "eu" sente-se envergonhado ou vulnerável diante do "outro" ou de quem quer que seja. Nessa área, a relação interpessoal torna-se reduzida.

4° quadrante

Janela de JOHARI		EU	
		Conhecido	Desconhecido
OUTRO	Conhecido		
	Desconhecido		Espaço/Área INCONSCIENTE ou DESCONHECIDA

O 4º quadrante é a área denominada como INCONSCIENTE ou DESCONHECIDA. Esta área é onde o "eu" não tem consciência a respeito de si próprio, e o "outro" também não tem consciência sobre o "eu". Uma área ainda não explorada, desconhecida por todos, inclusive pelo próprio "eu".

Essa é uma área em que não há comunicação e nem relacionamento interpessoal. O "eu" não expõe o porquê de não ter consciência, e o seu potencial continua latente e inconsciente. O "eu" deve procurar desenvolver esse quadrante para a sua evolução, pois é um espaço dinâmico e, quando o "eu" se permite, pode ser alterado, diminuído. Quanto mais o "eu" tem autoconhecimento, amadurecimento, vivência e experiência de vida, melhores se tornam os seus relacionamentos com o "outro" ou com um grupo/uma equipe. Nessa área, podem existir fatos da infância, negações, dinâmicas da relação, potencialidades inexploradas ou recursos para revelar.

— *Mas como fazer para se desenvolver?*

— *É agora que começaremos a nos preparar para receber um bom* feedback*!*

— *Oba! Então, vamos lá!*

IMPORTANTE!

Estamos fazendo uma avaliação sobre a perspectiva do "eu". Por isso, peço a você, leitor, que a partir daqui se coloque sempre como o "eu" nesta abordagem.

Em um relacionamento ou comunicação entre duas ou mais pessoas, cada ser humano envolvido terá a sua própria janela. Você entenderá bem ao longo da explicação, mas o que quero deixar registrado com essa observação é que, quando eu me referir ao relacionar-se ou comunicar-se com o "outro", você deverá levar em conta que ele também tem as áreas dele, as suas quatro janelas pessoais, nas quais ele também é um "eu".

Ou seja, o "outro" também tem o seu 1º quadrante, a área que ele conhece e você também conhece; o 2º quadrante, a área que ele desconhece sobre ele, mas que você conhece; o 3º quadrante, a área que ele conhece a respeito dele e você desconhece, e que talvez ninguém nunca venha a conhecer; e o 4º quadrante, a área que ele desconhece sobre si mesmo e sobre a qual você também não tem conhecimento.

6.1 Receber *feedback*

— *Vó, olhando a Janela de JOHARI completa, com a descrição de todos os quadrantes, qual é a melhor área para mantermos um relacionamento interpessoal e termos uma melhor comunicação? Olhe bem para a figura e me diga.*

<table>
<tr><td colspan="2" rowspan="2">Janela de JOHARI</td><td colspan="2">EU</td></tr>
<tr><td>Conhecido</td><td>Desconhecido</td></tr>
<tr><td rowspan="2">OUTRO</td><td>Conhecido</td><td>Espaço/Área
LIVRE
ou
PÚBLICA</td><td>Espaço/Área
CEGA
ou
MAU HÁLITO</td></tr>
<tr><td>Desconhecido</td><td>Espaço/Área
SECRETA,
PRIVADA
ou
OCULTA</td><td>Espaço/Área
INCONSCIENTE
ou
DESCONHECIDA</td></tr>
</table>

— Filho, claro que é a primeira área. A área livre. A conversa fica mais solta, pois conhecemos o "eu", e o "outro" nos conhece também. Sei sobre o "outro" e ele sabe a meu respeito, o "eu". Quer dizer, sabe um pouco, pois existem coisas que o "eu" não conta para ninguém. Mas também tem aqueles aspectos que, talvez, eu ainda não saiba a meu respeito.

— Nossa, vó! A senhora está realmente prestando atenção! Seria assim, como na figura?

— Isso mesmo. Foi o que pensei.

— Pois olhe novamente a figura, e me diga: como podemos aumentar este 1º quadrante?

— *Vou pensar em mim primeiro, quer dizer no "eu". Eu teria de levar essa linha do meio para o lado do desconhecido... Mas... Eu terei de conhecer mais o que ainda é desconhecido por mim. Filho, como seria isso?*

— *Sei que a senhora não terá problemas para isso. Pense um pouco no "como" a senhora pode fazer isso olhando para a figura:*

— *Acredito que seria conversar com o "outro" para ele me dizer o que ele sabe a meu respeito e que, talvez, eu não saiba. É isso?*

— Sim, isso mesmo. Saber ouvir mais, principalmente, ouvir mais aquilo em que não prestamos atenção e, muitas vezes, negamos estar ouvindo. Precisamos saber ouvir para evoluirmos como seres humanos.

O processo de ouvir o "outro" sobre o que é desconhecido pelo "eu" é receber um *feedback*. Quando o "eu" percebe o quão valioso é receber um *feedback*, ele afina mais o "saber ouvir", percebendo através do "outro" como ele está se comportando, se relacionando, ou agindo. Transforma-se em um instrumento de correção, permitindo o desenvolvimento de uma coerência entre as suas intenções, o discurso e a ação.

Generalizando: pessoas que valorizam o *feedback* estão continuamente buscando informações de como os outros a veem. Constantemente, analisam e refletem sobre a sua maneira de se comunicar e sobre como são percebidos os seus comportamentos. Usualmente, criam oportunidades para obter informações sobre si.

Pessoas assim entendem que *feedbacks* não podem ser somente aprendidos como uma técnica a ser aplicada. O *feedback* está alicerçado em um conjunto de valores e princípios que vêm antes da técnica. Em essência, exige a aceitação de si próprio e dos outros como eles realmente são.

Observe a figura a seguir:

Percebemos que quanto mais avançamos sobre o 2º quadrante para conhecer o que é desconhecido, mais trabalhamos o autoconhecimento e diminuímos também o 4º quadrante, trazendo para a consciência o que antes era inconsciente. Assim, trazemos consciência para o *ego* recebendo o que o "outro" está nos dizendo.

— *Filho, entendi que quando empurro a linha vertical para o lado desconhecido, é por meio do* feedback *que recebo e que desenvolvo o autoconhecimento, certo?*

— *Isso mesmo! Agora, olhe de novo o desenho:*

— Como a senhora faz para descer a linha horizontal? Isso é, como faz para ampliar o 1º quadrante tendo a possibilidade de uma melhor comunicação e relacionamento com o "outro"?

— Nossa! Espera. Deixe-me pensar um pouco... Como eu faço para ampliar mais o que "outro" conhece ao meu respeito? Será que eu terei de me mostrar mais para o "outro", contar mais para ele sobre mim mesmo?

— Exatamente, vó!

— Mas tem coisas que eu não quero contar para ninguém!

— Mas quem falou que a senhora tem de se expor totalmente? Estou falando que terá de se abrir mais para os outros, apenas para que a área do 1º quadrante aumente.

— Vou ter de ser mais o quê? Transparente?

— Pode ser... Mas outra maneira é que a senhora use menos máscaras.

— O que são máscaras?

— Máscaras são as nossas personas. Persona, na Psicologia Analítica, é a face da pessoa, a face social que a pessoa ou o indivíduo apresenta ao mundo. Todos nós usamos máscaras o tempo todo, pois nos adaptamos em cada local ou ambiente em que estamos inseridos.

Por exemplo:

- *Quando você vai brincar com uma criança, você muda a sua voz, você se agacha, você fala "difelente", você "binca" com a "ota quiança", você rola no chão, pega "binquedo pá binca", etc.*
- *Conversando com um juiz em audiência, você fala de maneira mais formal e, dentro do contexto, "Não, Excelência! Poderíamos aqui dissertar sobre o colóquio formal...".*
- *Quando está com o(a) namorado(a) você também muda, "Né, Amorzinho? Hummm... Eu adoro quando...".*

Utilizamos máscaras para nos ajustarmos e nos adaptarmos a uma ocasião específica, ambiente ou local.

— Ok, filho! Mas o que eu faço, então?

— A senhora, por exemplo, deve acreditar mais nos seus sentimentos, opiniões e percepções, e expor mais isso para o "outro", para que ele te conheça mais e a comunicação se expanda.

— Nossa! É difícil, pois preciso ter confiança no "outro".

— Claro. É uma troca. Uma reciprocidade. Precisamos respeitar isso como um padrão de comportamento. Confiança não se dá e nem se pede, se adquire.

— É verdade! Filho, por isso que tenho mais liberdade com uns do que com outros. E, mesmo assim, já aconteceram situações com pessoas em quem confiei e, depois, me decepcionei, pois a outra pessoa não honrou a confiança que eu dei a ela.

— É verdade. Acontece. As pessoas não se dão conta de como a confiança é importante na comunicação. Outra coisa importante no feedback *é que ele deve ser dito para a pessoa, e que, então, morra o assunto por ali, sem que haja comentários com terceiros do* feedback *dado.*

— Não entendi.

— Vamos lá. O feedback, *quando dito para uma pessoa específica, não pode se tornar notícia para terceiros, para outras pessoas. O* feedback *é para uma pessoa específica e ponto final. Existem pessoas que, por uma fraqueza pessoal, por exemplo, ou por necessidade de autoafirmação, baixa autoestima, pouca confiança em si mesmas, ou para se sentirem "por cima", chegam para um terceiro e comentam coisas do tipo: "Sabe, eu falei*

isto, isso e aquilo para fulano, pois ele fez isso e eu não gostei e falei mesmo para ele o que eu pensava...". Para piorar, acredito que, por empolgação, ainda inventam mais do que realmente falaram. E, não bastando, chegam para uma quarta pessoa e fazem os mesmos comentários, mudando só um pouquinho e envolvendo outra pessoa na história, que, àquela altura, já é uma nova história. Aí, quando todos os envolvidos se juntam, ficam elucubrando sobre o que foi dito e olhando um para o outro de maneira até desconfiada. Entendeu?

— Incrível! Parece que eu te contei todos os detalhes daquela minha amiga fofoqueira. Foi assim mesmo. Mas por que a pessoa não ouviu ninguém e continuou tendo o mesmo comportamento?

— Porque existem pessoas que não querem encarar as situações para resolvê-las, por não estarem prontas ou por não terem coragem. Elas se sentem tão envolvidas com tantas histórias que ficam presas em um emaranhado de situações confusas com elas mesmas. O triste de tudo é que ficamos de mãos atadas, com poucos recursos para ajudar. Às vezes, se a pessoa não quer ajuda, a melhor decisão é tomar ciência e evitar problemas. No máximo, se a pessoa permitir, dar atenção e carinho. Infelizmente, isso acontece com frequência. No mundo corporativo, isso é ainda mais delicado. Por isso que existe um investimento muito grande nos processos de feedback *que, atualmente, têm vários formatos. Desenvolver a autoconfiança e a autoestima é importantíssimo para o desenvolvimento da pessoa. E respeitar*

muito a pessoa que está à sua frente, ao seu lado, ou mesmo distante de você é primordial. Vamos em frente, vó!

Para aumentarmos o 1º quadrante – depois do "eu" se permitir receber *feedback* – precisamos aumentar a exposição do "eu" com uma postura mais aberta ao relacionamento. Quanto mais alto o índice de exposição, mais aberta a pessoa se mostra, mais confiante, mais solta e menos defensiva. Com essa postura, o "eu" está mais disposto a arriscar, mostrando como pensa, expondo seus sentimentos e emoções sobre a situação em questão às pessoas envolvidas, e torna-se mais expressivo e comunicativo. O "outro", por sua vez, sente-se mais seguro em aproximar-se e, também, mais confiante para se expor, por se perceber em uma área de reciprocidade. Diante da exposição do "eu", o "outro" fica mais apto e solto para dar *feedbacks* e, com isso, o "eu" passa a receber mais para o seu autoconhecimento. A exposição é uma atitude fundamental para quem quer receber *feedbacks.*

Agora, olhe para a figura a seguir. Vamos fazer uma análise:

Janela de JOHARI		EU	
		Conhecido	Desconhecido
OUTRO	Conhecido	Espaço/Área LIVRE ou PÚBLICA	Espaço/Área CEGA ou MAU HÁLITO
	Desconhecido	Espaço/Área SECRETA, PRIVADA ou OCULTA	Espaço/Área INCONSCIENTE ou DESCONHECIDA

Com a área do 1º quadrante expandida, passamos a ter mais autoconhecimento e nos tornamos mais expansivos nos relacionamentos. Assim, os dois, tanto o "eu" quanto o "outro", passam a se conhecer bem mais. O respeito aumenta; os valores, as crenças, a personalidade, as dificuldades, os potenciais ficam mais transparentes. A sinergia acontece, a energia boa flui livremente, ocorre efetivamente uma relação interpessoal produtiva. A confiança e a autoestima tornam-se mais aparentes, e a relação se torna mais qualificada, sem falar que o "eu" passa a ter uma outra visão de si: mais confiante, com a autoestima mais elevada, e com um posicionamento diferenciado perante qualquer pessoa que estiver à sua frente.

Agora, um dos segredos para o "eu" se expor é estar aberto a receber *feedbacks* e ter alguns dos sentimentos mencionados anteriormente.

Veja a seguinte figura:

Nota-se que, quando se expande o 1º quadrante, tem-se outra percepção do 4º quadrante, pois ele está diminuído. Isso é um sinal de que se diminui a área tida pelo "eu" como inconsciente e desconhecida. Isso acontece quando o "eu"

se posiciona e se permite saber mais a respeito dos seus potenciais de se concretizarem. Ao se expandir ao "outro", isto é, ao se abrir mais para o "outro", pode ocorrer a "virada de uma chave interna" que, há tempos, vinha impedindo esses potenciais de se concretizarem. Acontece também quando o "eu" é acompanhado por um profissional – como mencionado anteriormente –, um psicanalista, por exemplo, e resolve questões que bloqueavam o seu desenvolvimento e a sua evolução.

Por estar mais aberto, o "eu" se utiliza menos de mecanismos de defesa e desperdiça menos energia para estar nos mais diversos ambientes. Afinal, se há menos controle, a energia que antes era gasta com ele, agora é utilizada para o desenvolvimento das próprias habilidades inexploradas. Quanto mais o "eu" se expõe e recebe *feedback*, menos barreiras internas ele encontrará para vencer o que o impede de chegar onde deseja chegar.

Observe a figura novamente:

O "eu" ganha uma "Zona de Aprendizagem". Quando o "eu" se coloca aberto à aprendizagem, consequentemente, o 1º quadrante aumenta, a área do 4º quadrante diminui, o autoconhecimento cresce e as ameaças possíveis – que podem passar pela cabeça de qualquer pessoa insegura – reduzem sensivelmente, aumentado a autoconfiança.

As capacidades e potenciais pessoais do "eu", antes inconscientes, começam a despontar quando ele se permite receber *feedbacks*.

6.2 Dar *feedback*

Quando o "eu" recebe um *feedback*, ele expande o conhecimento de si próprio, mas quando dá o *feedback* ao "outro", ele expande o conhecimento que o "outro" tem de si, pois este também tem os seus próprios quadrantes.. Todas as questões trabalhadas até agora sobre o "eu" existem para o "outro" em relação a ele mesmo.

Assim, é importante respeitar o momento do "outro". **Exigir** ou ser contundente para que o "outro" se torne consciente de certas coisas ou aspectos, sem que ele esteja preparado para conhecer ou tornar-se consciente, é ineficaz e, geralmente, gera desafetos. Um *feedback* dado para alguém que não quer recebê-lo pode mais atrapalhar do que ajudar na relação.

Agora, vamos nos atentar ao aprendizado que geramos ao dar um *feedback*, entender como podemos aumentar o nosso autoconhecimento e aperfeiçoar as nossas habilidades nas relações interpessoais.

— *Filho, eu estava aqui, quietinha, prestando atenção em tudo o que você falava. Nunca imaginei que poderíamos aprender tanto apenas por receber um* feedback. *Realmente, é uma Zona de Aprendizagem, como você comentou. Agora, eu tenho uma dúvida...*

— *Pode falar.*

— Comentei o quanto é difícil esse negócio de me abrir para o outro, para eu expandir o meu conhecimento sobre mim. Será que eu estou preparada para dar um feedback*? Fiquei lembrando do que falou há pouco... Será que tenho conhecimento suficiente para que eu possa criticar no bom sentido, quer dizer, para eu dar um* feedback *para alguém?*

— Por que a senhora está me dizendo isso?

— Sei lá... Fiquei pensando quais seriam os motivos para eu dar um feedback*, pois parece simples, mas tenho de me conhecer mais, antes de falar para os outros. Lembrei de muitas coisas que falei que geraram brigas. Acredito que isso aconteceu porque eu não estava preparada para falar de mim. Agora, vejo você falando em dar* feedback *e percebo a responsabilidade que tenho quando faço isso. Essa é a minha preocupação. Como devo agir?*

— Como devemos agir? Fique tranquila. Teremos mais assuntos que a auxiliarão a solucionar essa preocupação tão nobre. Vamos adiante que, quando a senhora receber as cinco dicas para falar o que quiser, para quem quiser, *perceberá que não é assim tão complicado. Mas existem alguns aspectos importantes a seguir!*

— Se com este conteúdo já estou adorando, imagine quando você der as tais dicas...

— Vamos em frente!

Grandes líderes desenvolvem o princípio da sensibilidade em relação às necessidades alheias e a capacidade de se colocar no lugar do outro no momento de dar um *feedback*. É um princípio que impede que o *feedback* tenha aspecto e característica de julgamento.

No mundo corporativo, os gestores estão assumindo novas maneiras de atuação para que se tornem grandes líderes de fato. A principal característica do líder do futuro é dar ênfase às suas competências e habilidades comportamentais, para conduzir os objetivos da organização dentro de suas estratégias, e saber extrair de sua equipe o melhor de cada um. Nesse sentido, as competências para a liderança exigem ter uma visão ampla do negócio, saber gerenciar complexidades e mudanças, ter alinhamento emocional, focar nos resultados e ter também um bom relacionamento interpessoal. Para isso, ter a habilidade de dar e receber *feedbacks* é fundamental, pois ajuda no desenvolvimento pessoal e no desenvolvimento de todos os envolvidos na equipe.

Dar um *feedback* eficaz exige alguns cuidados, tais como:

Ser aplicável

A mensagem deve conter dados concretos a serem explorados, como comportamentos e aspectos que possam ser mudados e fatos que possam ser verificados.

Ser neutro

Deve ser descritivo, não avaliativo. É necessário que seja substantivo e que contenha o menor número de adjetivos.

A defensiva do ouvinte é minimizada quando não contiver julgamento, opinião ou alguma interpretação.

Ser oportuno

Saber o que fazer é tão importante quanto "quando" fazer. É conveniente saber e analisar se, naquele momento, o *feedback* possibilitará efeitos positivos. Usualmente, é mais adequado que seja dado imediatamente após o fato. Mas você deve avaliar se será construtivo, pois ele deve ter a finalidade de levar ao outro algo que ele desconhece ou "ainda" desconhece, ou algo que possa tirá-lo do estágio atual para levá-lo a um estágio superior, de evolução.

Ser objetivo

Analisar se a mensagem está clara, se o foco está na situação específica e não na pessoa propriamente dita, e se os fatos estão descontaminados de interpretações pessoais.

Ser direto

O *feedback* deve ser feito pessoalmente, sem rodeios, sem recados e muito menos por terceiros. Procure deixar claro quais são os seus sentimentos pessoais.

Ser específico

Deve conter informações suficientes para que seja compreendido e utilizado. Não generalize, seja específico! E seja baseado na realidade objetiva, em situações delimitadas no tempo e no espaço.

Ser comprovável

Quem recebe o *feedback* deve ter condições de buscar o entendimento. Verificar se quem recebeu entendeu o que foi transmitido é imprescindível para que o *feedback* seja construtivo, assim como é preciso ser possível que quem o recebeu possa, de alguma forma, comprovar o que foi dito.

Ser solicitado

O *feedback* é mais efetivo e útil se a pessoa o solicita. A solicitação pode ser por meio de uma postura de exposição ou ainda pela declaração expressa ou verbal de que a pessoa **quer** receber o *feedback*.

Minha posição particular é que conselho não existe, tudo é *feedback*. Mas, se você acredita em conselho, é fundamental pensá-lo e construí-lo de maneira evolutiva, pois as duas partes devem, com esse diálogo, chegar a um nível mais elevado. Reflita bem antes de dar o seu conselho. Trate-o com o devido respeito para que ele não magoe ambas as pessoas. Ele deve ser construído para levar o indivíduo que for recebê-lo do estágio atual para um estágio superior, promovendo evolução para as duas partes!

— Nossa... Quanta coisa importante.

— Por isso falo, vó: quando nos aprofundamos em aproveitar o feedback, *ele passa a ser quase que uma nova filosofia de vida. Afinal, tanto recebendo como dando* feedback *nós crescemos como pessoa. Claro, todo novo comportamento gera*

um momento de apreensão, mas a prática leva à perfeição. No começo, sempre nos encontramos em situações de dúvida e de nos perguntarmos: "Será que eu consigo, mesmo? Será que eu estou pronto?". Simplesmente, pratique!

— Mas como faço para isso se tornar "prático"?

— Uma maneira simples, vó, é colocar em prática as cinco dicas para falar o que quiser, para quem quiser *e transformá-las em um hábito. Eu considero que o hábito é o pior tirano que temos em nossas vidas, no nosso dia a dia. Mas se temos de ter hábitos, que sejam bons. E saber receber e dar um bom* feedback *é um bom hábito.*

— Que legal! Percebi que você está explicando como receber feedbacks *e que devemos ter todos esses cuidados ao darmos* feedbacks. *Estou certa?*

— É, a senhora pega tudo muito rápido. É isso mesmo. Por isso, quanto mais solicitamos feedbacks *aos outros, mais percebemos sobre nós mesmos e nos capacitamos cada vez mais em* **dar** feedbacks.

— Fico imaginando quantas vezes espumei e até falei poucas e boas para as pessoas que me falaram coisas. Agora, sei que, na verdade, eu estava recebendo feedbacks. *Mas por que acontece de espumarmos?*

— Quando a senhora se expressa utilizando a palavra "espumar", está se referindo a ficar brava, com raiva e reagir, certo?

— Sim, isso mesmo!

— Então, quando diz que espumou várias vezes e falou poucas e boas para as pessoas que lhe davam feedbacks, *a senhora*

quis dizer que, quando as pessoas te davam feedbacks, *ficava com raiva e reagia dizendo um monte de coisas para elas?*

— Isso mesmo, ficou bem claro!

— Muitas vezes, temos de administrar o recebimento do feedback *com carinho acima de qualquer coisa, e analisá-lo friamente, sem emoções ou sentimentos. Parece fácil, mas não é. Quanto mais praticamos, mais ficamos calejados, isto é, com mais prática em saber ouvir. Mas devemos ouvi-lo e, de preferência, não pensar em retrucar. No máximo, vó, devemos simplesmente, caso não nos seja solicitado, ter uma atitude proativa de repetir o que ouvimos, de maneira completa e muito objetiva, para sabermos que aquilo que nos foi dito como* feedback *foi o que realmente a pessoa quis nos dizer, e para demonstrar que realmente entendemos o que ela quis dizer. Depois, devemos parar, pensar e refletir a respeito.*

— Filho, como você disse, não é fácil.

— E quem falou que seria? Se defender é um mecanismo natural do ser humano. Toda resistência nada mais é do que a pessoa procurando se manter em sua zona de conforto.

Precisamos ter ciência de que, ao dar um *feedback*, a pessoa que o recebe tem a sua própria Janela de JOHARI – como já disse antes. Desse modo, devemos respeitar e tomar todos os cuidados inerentes a essa situação.

É de bom tom sabermos que, ao dar um *feedback,* poderemos ter reações das pessoas. Essas reações vêm de "reflexos" que qualquer ser humano tem a partir de algum "estímulo" recebido. Assim, para entendermos como funcionam os estímulos e reflexos, explicarei esse assunto adiante com mais detalhes. Falarei também sobre como lidar com alguns comportamentos e reações que podem ocorrer ao dar e receber um *feedback*. Essas explanações e explicações são para você ter em suas mãos ferramentas que possam lhe trazer – além do autoconhecimento – sabedoria para lidar com essas situações.

Vamos adiante!

7. Mecanismos de defesa

A origem do termo "defesa" vem do trabalho *As Psiconeuroses de Defesa*, de Sigmund Freud, de 1894. Porém, foi com o trabalho de 1926, *Inibição, Sintoma e Ansiedade*, que esse termo adquiriu o seu verdadeiro grau de importância, levando Anna Freud a descrever uma variedade de mecanismos de defesa com base em exemplos concretos.

A palavra *defesa*, no sentido que hoje lhe é atribuído pela comunidade psicanalítica, exprime uma série de operações que são efetuadas pelo *ego* diante dos perigos que procedem do *id*, do *superego* e da realidade externa (tudo o que ocorre além de você, tudo o que acontece no mundo à sua volta). O *ego*, para evitar a angústia provocada pelas situações de perigo que ameaçam a sua constância, lança mão dos mecanismos de defesa. Portanto, as defesas nada mais são do que operações efetuadas pelo *ego* visando reduzir ou suprimir os estímulos externos ou internos que o invadem, causando-lhe desprazer.

Os mecanismos de defesa não existem para defender o *ego* do perigo, que às vezes é irreal, mas apenas de um sentimento de angústia. Logo, ter defesas não é patologia; patológico é não as ter, já que nenhuma pessoa adoece por possuir defesas, mas, sim, pela sua ineficácia ou pelo mau uso que faz delas.

— *Que interessante. Quer dizer: se eu não preparar direitinho o* feedback, *a pessoa pode se defender utilizando os mecanismos de defesa dela.*

— *Sim, vó, isso mesmo. A pessoa se defende, o ego dela espuma, como a senhora espumou.*

— *As pessoas se defendem de várias maneiras. Mas existe algum tipo específico de defesa?*

— *O que existe é a pessoa se utilizar de um ou de outro mecanismo de defesa, de acordo com o momento específico. Agora vou falar, resumidamente, dos principais mecanismos de defesa e exemplificar cada um deles.*

— *Obrigada.*

Compensação

É aquele que tem necessidade de realizar uma compensação em sua personalidade, seja em aspectos físicos, emocionais e/ou mentais. A pessoa acredita ser inferior a alguém, em um ou mais desses aspectos.

Para realizar esse processo, ela enfatiza ou desenvolve intencionalmente um atributo que acredita valer mais do que aquele que possui ou não sabe que possui ou não possui.

Esse tipo de pessoa faz todo esse movimento compensatório de energia no sentido de amenizar a ansiedade dela e o descontentamento que sente no que se refere a algum aspecto que julga não possuir, o que pode ser um fato ou apenas mera imaginação.

Ela encobre uma fraqueza real enfatizando uma característica que considera mais desejável. Por exemplo: um menino com deficiência física não consegue jogar futebol, por isso compensa tornando-se muito estudioso.

Racionalização

Trata-se de formular razões lógicas para justificar ou dar desculpas para não lidar com emoções, sentimentos, incômodos ou comportamentos inaceitáveis. Quanto mais evitamos trabalhar ou amadurecer as emoções, mais propensos a racionalizar e imaginar que isso será suficiente para superá-las nós ficamos.

Por exemplo, Marli diz à enfermeira de reabilitação: "Eu bebo porque essa é a única maneira que tenho para lidar com o meu casamento fracassado e o meu emprego ainda pior".

Negação

É um dos mecanismos de defesa mais comuns. A pessoa se recusa, conscientemente, a reconhecer e perceber a existência de uma situação real, de fatos perturbadores ou dos sentimentos associados a ela.

Quando se nega, perde-se o contato com o incômodo, mas, obviamente, não se resolve a situação. Dessa maneira, acumulam-se coisas não resolvidas até que, em algum momento, elas vêm à tona de uma forma inesperada e, muitas vezes, dolorosa.

Por exemplo: uma pessoa toma bebidas alcoólicas todos os dias e não consegue parar, não reconhecendo que tem um problema.

Formação reativa

Ocorre quando uma pessoa sente um desejo de fazer ou dizer algo, mas diz o oposto. Aparece como uma defesa contra uma punição social temida. Se eu temo ser criticado por alguma coisa, eu muito claramente ajo de uma maneira que demonstre que estou pessoalmente longe do caminho da posição temida.

Um padrão comum na formação reativa é a pessoa usar um "comportamento excessivo", por exemplo, utilizando simpatia exagerada quando ela está, na verdade, se sentindo hostil. Trata-se de impedir a expressão de pensamentos ou sentimentos inaceitáveis exagerando comportamentos opostos. Mais um exemplo: uma pessoa que está brava com um colega, na verdade, acaba sendo particularmente simpática e cortês com ele.

Deslocamento

A transferência de sentimentos de um alvo para outro. É um redirecionamento de um impulso e de reações para um alvo substituto, como outras pessoas, objetos ou animais, considerados menos ameaçadores ou neutros. Usualmente, é descarregado nos filhos, esposa, marido, familiares, funcionários, animais de estimação, cadeiras, portas etc.

Por exemplo: um paciente que está furioso com o seu médico e não expressa isso para ele, mas agride verbalmente a enfermeira.

Regressão

A pessoa, quando é flagrada em alguma falha, fica fragilizada ou se sente reprimida, criticada ou julgada, e, em resposta, se coloca como vítima na criança interna. Isto é, fica regredida a uma fase bem infantil, confusa, chorosa, birrenta, insegura, reativa e, algumas vezes, até agressiva. Esse mecanismo de defesa é comum nos relacionamentos. Por exemplo: quando a pessoa não se dá conta de que está com raiva, mesmo que seja evidente pela fisionomia.

Identificação

Uma tentativa de aumentar o valor pessoal adquirindo alguns atributos e características de um indivíduo que se admira. É o mecanismo baseado na assimilação de características de outras pessoas significativas, que se transformam em modelos para si próprio. Por exemplo: quando um filho cresce e age da mesma maneira opressiva que os pais.

Repressão

É a retirada de ideias, afetos ou desejos perturbadores da consciência, pressionando-os para o inconsciente. É muito comum a repressão nos deixar polidos no meio social. Porém, muitas vezes, não sustentamos esse comportamento em casa. Normalmente, o que reprimimos surge nos sonhos, de maneiras inesperadas, por meio de nossos lapsos na fala (ato falho) ou em comportamentos que não controlamos. Muitas repressões também escoam no nosso corpo gerando somatizações.

Reprimir não é errado, mas ineficiente como agente de transformação. Ele é um auxiliar importante para vivermos socialmente, mas não para crescermos interiormente. Por exemplo: uma vítima de acidente que não consegue se lembrar de nada do ocorrido.

Intelectualização ou fuga

Uma tentativa de evitar a expressão de emoções reais associadas a uma situação de estresse ou aversiva pelo uso dos processos intelectuais da lógica, do raciocínio e da análise. É muito comum em situações ou fases difíceis, quando se está insatisfeito com a vida ou quando se acessa o vazio deixado pela autoalienação de nosso *ego*. Nessas três situações, é muito comum devanear, fugir ou intelectualizar.

Isso é feito de diversas formas: dormindo excessivamente, sonhando acordado, evitando ação e construção da realidade objetiva, usando drogas, álcool, jogos, *internet*, trabalhando, comendo, comprando, praticando sexo e fazendo exercícios de uma forma exagerada, tudo isso para não entrarmos em contato conosco e com nossos próprios incômodos. Por exemplo: uma pessoa com excesso de peso e que não consegue emagrecer. Ao invés dela aprender a lidar com o seu planejamento, realizando uma atividade importante para atingir seus objetivos, procrastinava preparando algo para comer ao invés de sentar e fazer o que é preciso ser feito.

Sublimação

Redirecionar pulsões ou impulsos que são pessoais ou socialmente inaceitáveis para atividades construtivas. Ocorre quando as pessoas transformam as suas emoções conflitantes em estabelecimentos ou atividades produtivas. Por exemplo: um médico cirurgião com impulsos hostis converte-os em "cortes" em outras pessoas durante as cirurgias; ou uma mãe cujo filho foi morto por um motorista embriagado canaliza sua raiva e energia para ser a presidente da instituição local das "Mães contra Motoristas Bêbados".

Introjeção

Este mecanismo está estreitamente relacionado com a identificação, pois visa resolver alguma dificuldade emocional da própria pessoa ao tomar para si, para a própria personalidade, para o próprio *ego*, certas características do outro. Busca características dos outros para compensar o não acesso às suas próprias qualidades. O outro serve apenas para lembrar que a pessoa tem todas essas qualidades que, por algum motivo, estão adormecidas.

Por exemplo, a criança integra o sistema de valores de seus pais ao processo de sua formação da consciência e diz ao seu amigo: "Não trapaceie. Isso é errado". Ou quando um adulto está diante de uma pessoa importante ou superior e ele próprio se atribui uma importância ou superioridade que não tem.

Supressão

O bloqueio voluntário da própria consciência de sentimentos e experiências desagradáveis para proteger-se de uma realidade específica e enfrentar uma situação. É uma estratégia utilizada pela mente, por exemplo, para evitar certos pensamentos incômodos abordados em um dilema emocional. O conceito de repressão é muito parecido com o termo supressão. Entretanto, existe um aspecto importante que diferencia o primeiro conceito do segundo. Quando uma pessoa reprime um pensamento, ela age de forma inconsciente, ou seja, não se dá conta da verdade que ocorre. No entanto, quando uma pessoa suprime um pensamento, ela está consciente do que faz. Por exemplo, quando Scarlett O'Hara dizia: "Não quero pensar nisso agora. Vou pensar nisso amanhã".

Isolamento

Separar ou isolar um pensamento, um comportamento ou uma recordação do sentimento, do afeto ou da emoção que vem por associação. Isso rompe a conexão com outros pensamentos ou com o resto da existência do sujeito, isolando a questão de seu contexto, quebrando a sequência cronológica. Trata-se de bloquear o assunto e comportar-se socialmente como se nada houvesse a ser resolvido agora, como se estivesse guardando o sentimento, o afeto ou a emoção para ser resolvido mais tarde. Por exemplo: uma mulher jovem descreve como foi atacada e estuprada, sem demonstrar emoção alguma.

Anulação

Desfazer ou cancelar simbolicamente uma experiência considerada intolerável. É a tentativa de esquecer ou anular uma experiência ruim. Algumas pessoas que não conseguem perdoar verdadeiramente costumam anular o outro, matando-o dentro de si.

Anular não é resolver esse passado ruim ou a dificuldade com o outro. Quando o incômodo é apenas isolado, continua instalado na mente, causando perturbações internas. Tudo que não é resolvido em nosso psiquismo vem à tona com o tempo por meio de inúmeras dores e distúrbios psicológicos e psiquiátricos diversos. Por exemplo: Marcos está nervoso quanto ao seu novo emprego e grita com a esposa. Ao voltar para casa, ele para e compra flores para ela e um novo *videogame* para si.

Projeção

Atribuir a outra pessoa sentimentos ou impulsos próprios, indesejáveis e inaceitáveis para si mesmo. Enxergamos com exatidão as falhas do outro, percebemos inclusive os detalhes. No entanto, muitas vezes, não percebemos que temos características, comportamentos ou imperfeições muito semelhantes aos do outro.

Na projeção, olho para o outro para não ter de olhar para mim. Atribuo ao outro a culpa por tudo que acontece comigo. Me transformo em vítima do outro e do mundo, e, com isso, não assumo responsabilidade alguma. Por exemplo, Pedro sente uma forte atração sexual por sua colega de trabalho e diz aos amigos: "ela está vindo atrás de mim!".

— Quanto mais conversamos, mais vejo que nada sei. Estou parecendo Sócrates. Tudo bem que nossa idade é semelhante...

— É verdade!

— Olha! Vou ler com calma depois, para lembrar se me utilizo de algumas dessas defesas.

— É isso mesmo. Muita calma nessa hora! Todo mecanismo de defesa é aceitável. Eles existem para nos proteger, são constantes em nosso dia a dia e, se bem utilizados, são benéficos e saudáveis. A questão a ser avaliada é quando eles, ou qualquer um deles, mesmo considerados benéficos, se utilizados de forma

exagerada, poderão produzir distúrbios que prejudicam nossa eficiência e nossa alegria de viver. A proteção conferida ao ego é eficaz contra a sensação de ansiedade gerada pelos conflitos, mas a solução é apenas aparente. Existem outros mecanismos de defesa. Falei aqui daqueles que são realmente mais acionados quando recebemos ou damos um feedback.

— Verdade. E onde posso procurar saber sobre os demais mecanismos?

— Ao final do livro estão algumas referências bibliográficas para futuras consultas para quem quiser se aprofundar nesse assunto tão enriquecedor.

— Ótimo! Vamos em frente!

8. Estímulo e Resposta

O Behaviorismo, área em que os cientistas estudam os comportamentos observáveis, admite o princípio da causalidade, que é fundamental em todos os campos científicos. Segundo esse princípio, todos os fenômenos obedecem a um condicionamento causal, isto é, não existe um fenômeno sem causa. Logo, todo e qualquer fenômeno existente na natureza física que nos cerca foi causado ou determinado por algum evento que o antecedeu e o provocou.

No Behaviorismo, o meio ambiente é o determinante do comportamento. As ações e reações humanas são determinadas pelos estímulos (S) do meio em que estão inseridas. O comportamento é descrito em termos precisos, absolutos.

Ele é influenciado pelo meio ambiente e pode ser explicado pelo esquema **S – R:**

S – Estímulo (alterações ou estímulos do meio ambiente que são detectados pelos nossos sentidos).

R – Resposta (comportamentos, ações ou reações que o ser humano apresenta em decorrência dos estímulos).

— *Nossa!*

— *Diga, vó!*

— *Minha cabeça está a mil! Quer dizer que, de repente, eu posso gerar um comportamento agressivo pela forma como eu der um* feedback *para uma pessoa?*

— *Sim! Por isso estou comentando a respeito. Não é "o que" se fala, mas sim "como" se fala. A senhora pode despertar tristeza, raiva, alegria ou medo na pessoa, e a pessoa reagir a isso. Por isso que tudo o que estamos falando é autoconhecimento e conhecimento sobre o próximo, o "outro".*

— *Quero saber mais! Estou gostando do assunto. Acredito que, com tudo isso, não terei mais muitos problemas para falar o que tenho vontade para ninguém.*

— *Vamos adiante!*

Estamos rodeados de estímulos o tempo todo e, muitas vezes, respondemos inconscientemente. Mas, quando você conseguir perceber que poderá utilizar essas informações para outras coisas, descobrirá quão grande é o conhecimento que tem em suas mãos.

À resposta produzida damos o nome de comportamento operante, que nada mais é do que o comportamento resultante do estímulo dado pelo meio ambiente ou por pessoas/indivíduos.

Quando é dado um estímulo e o resultado não acontece – ou seja, o comportamento operante não acontece –, o comportamento que surge é o aversivo, que se caracteriza pela inibição ou ausência do comportamento operante.

Para evitar que o comportamento operante se torne aversivo, podemos atuar com uma série de reforços que tendem a garantir que o comportamento operante ocorra. Esses reforços podem ser positivos ou negativos. Ambos têm como escopo ensinar e reforçar um determinado comportamento. É importante ressaltar que reforço, ao contrário do que pode pensar o senso comum, não é uma simples recompensa. Reforço pode ser qualquer evento que aumenta a possibilidade de o comportamento operante acontecer. Um reforço pode ser uma recompensa tangível, um elogio ou uma atenção. Pode ser ainda uma atividade, como, por exemplo:

- Emprestar o carro depois que a louça estiver lavada.
- Ir ao shopping para comprar o que você deseja depois de ter tido resultados melhores com seus controles financeiros.
- Ter uma folga depois de uma hora de estudo.

Agora, vou falar de um tipo de procedimento que existe, mas com cujas consequências deve-se tomar cuidado: a punição.

A punição deve ser bem trabalhada para evitar uma série de problemas. Esse tipo de estimulação aversiva acarreta respostas do sistema nervoso, materializadas como ansiedade, depressão e baixa autoestima. Além disso, o comportamento punido não é esquecido, ele é censurado, o que pode resultar em outras consequências inesperadas ao longo da vida.

— *Que negócio é esse de reforçador e de punição? Parece difícil lidar com essas questões...*

— *Vó, um exemplo: você paga as contas que chegam em sua casa?*

— *Sim, claro!*

— *Pois bem. Em um simples boleto, as pessoas colocam estímulos querendo o comportamento operante desejado, e a maioria dos boletos que a senhora recebe para pagar se utiliza de punições. Lá, existe o valor a ser pago, a data de vencimento e, no campo central, onde tem mais informações, normalmente as pessoas somente colocam a punição. Vamos lá:*

Valor do boleto: R$ 150,00.

Data para pagamento: 25 de maio.

Comportamento operante desejado: que você pague a conta no vencimento.

Campo de observação (punições):

Até o quinto dia útil após o vencimento, cobrar R$ 0,90 ao dia.

Após o quinto dia útil, pagável somente nas agências do Banco tal.

Após 10 dias, não receber.

Título sujeito a protesto.

— Se for conta de telefone que atrasa, após alguns dias você passa a receber ligações de cobrança mais ou menos assim: "Em nosso sistema, não consta o pagamento de sua fatura, o que poderá resultar no desligamento de sua linha...". E assim por diante. Quando a ligação termina, você faz uma reflexão e se lembra que esqueceu de pagar a conta, simplesmente por ter esquecido. Em seguida, pode até ficar com raiva da ligação, pois poderiam ligar informando, simplesmente, que sua conta não está paga e que consta essa informação nos registros deles para te alertar, avisar ou informar. Mas não! Eles disseram que, se o boleto não for pago, você ficará sem telefone. Ou seja, individualmente reforçam o pagamento com uma punição, e não com um reforço positivo. Esse tipo de procedimento ataca o seu sistema nervoso. Você fica irritado, com depressão, sua autoestima cai e, cada vez mais, fica pra baixo. Por outro lado, uma pergunta: por que esqueceu de pagar a conta? Essa resposta gera muito conteúdo a ser trabalhado. Não é o foco, mas a raiva que sentiu pode ser um mecanismo de defesa de coisas com as quais você, talvez, não queira lidar.

— É verdade, filho! Ficamos para baixo e com raiva.

Quando se trata de dar um *feedback*, você pode trabalhar com reforço ou punição. Vamos ao exemplo para que fiquem claros os conceitos de "comportamento operante", "reforço" e "punição".

Situação:

Suponhamos que você e uma pessoa estão trabalhando juntos em um projeto, e que esse projeto tem um objetivo específico. Essa pessoa, em um determinado momento, tem um comportamento que vai contra o que você pratica, pensa ou tem como princípio. Logo, você percebe que esse comportamento pode trazer algum desencontro ou conflito com as suas expectativas.

Visão pessoal:

Depois de uma avaliação bem meticulosa de sua parte, você percebe que aquele comportamento realmente pode trazer algum desencontro ou conflito por estarem trabalhando juntos no projeto, o qual tem um objetivo específico a ser atingido.

Então, você decide dar um *feedback* ao seu colega.

Você, dentro do seu repertório cultural, da sua formação educacional, de suas crenças, vivências, emoções e de toda a "bagagem" que traz consigo, deseja que aquela pessoa mude o comportamento dela. Logo, o ***comportamento operante*** é que o seu colega de trabalho mude o comportamento dele.

Isso é o que **você** deseja que aconteça, no seu íntimo, ao dar o *feedback* àquela pessoa. Você quer que ela mude a forma como ela se comporta, para que não haja, dentro da **sua** visão, um desencontro ou conflito com o objetivo final do projeto.

Um detalhe importantíssimo!

Em qualquer situação, ao dar um feedback seja **sempre sincero e verdadeiro**. Mentira tem perna muito curta e, às vezes, instantânea. Então, seja **sempre sincero e verdadeiro**.

Se for iniciar o discurso com um ***reforço positivo,*** você pode, por exemplo, antes de dar o *feedback*, falar para a pessoa da maneira mais curta e objetiva que puder o seguinte:

— Fulano(a), sinto que podemos melhorar ainda mais o nosso projeto...

Se fosse iniciar o discurso com uma ***punição***, você poderia, por exemplo, antes de dar o *feedback*, falar a mesma coisa para ela, da maneira mais curta e objetiva possível:

— Fulano(a), sinto que, se não acontecer o que tenho a lhe falar, poderemos prejudicar o nosso projeto...

Se você prestar atenção, tanto no reforço positivo quanto na punição estamos dizendo a mesma coisa, porém de maneiras diferentes. No dia a dia, percebo que as pessoas utilizam muito o reforço negativo, estão negativas de maneira geral. Elas não percebem que, simplesmente, podem mudar o foco utilizando o reforço positivo e, com isso, fazer o comportamento operante acontecer de forma mais natural e positiva.

Mais um aspecto importante: a outra pessoa também tem o seu repertório cultural, a sua formação educacional, suas crenças, vivências, emoções e toda a "bagagem" que ela traz consigo, e, portanto, pode concordar ou não com a sua visão do comportamento dela.

O que contribui muito para as relações interpessoais é que ambos, você e a outra pessoa, podem escolher deixar o caminho aberto para mudanças, tanto de um lado quanto do outro. Digo isso porque dentro das relações interpessoais, o que se deseja é que aconteça um relacionamento "ganha-ganha". Qualquer investimento que se faça no relacionamento perde-ganha ou ganha-perde é uma energia dispersa, sem evolução para ambos, com sequelas irreparáveis e um resultado insatisfatório para todos. Digo "todos", pois os que estão em volta dessa relação também sofrerão as consequências.

— Filho, eu fiquei quietinha prestando bastante atenção. Isso vai me ajudar muito e, acredito, a todos que lerem.

— Vó, eu desejo, no fundo do meu coração, que tudo isso seja construtivo tanto para as pessoas físicas quanto jurídicas.

— Pessoas físicas e jurídicas? O que é isso?

— Desculpa! São pessoas e empresas. Pessoas são pessoas físicas e empresas são pessoas jurídicas.

— Ah! É verdade.

9. Reflexos e Padrão Fixo de Comportamento (PFA)

A teoria dos traços de personalidade é uma das principais abordagens para o estudo da Psicologia da personalidade humana. Estudiosos dos traços de personalidade estão principalmente interessados na mensuração de traços que podem ser definidos como padrões habituais de comportamento, pensamento e emoção.

Segundo essa perspectiva, as características são relativamente estáveis ao longo do tempo e diferem entre os indivíduos. Por exemplo, algumas pessoas são desinibidas, e outras são tímidas; esses aspectos influenciam o seu comportamento em determinados contextos em que estão inseridas. Traços estão em contraste com estados, que são mais parecidos com disposições transitórias. Em algumas teorias e sistemas, os traços são algo que uma pessoa tem ou não tem.

Em outras, traços podem ser dimensões ou preferências, tais como extroversão e introversão. São preferências atitudinais que a pessoa traz em seus traços comportamentais. O extrovertido tem preferência em se alimentar na dimensão do seu mundo exterior, e o introvertido tem preferência em se alimentar na dimensão do seu mundo interior.

Alguns traços comportamentais são tão característicos de uma espécie quanto seus traços anatômicos. Os traços comportamentais mais simples são chamados reflexos, porque propõem que o efeito somático produzido pelo estímulo (um evento ambiental, que estimula órgãos sensoriais) reflete-se pelo sistema nervoso em uma resposta, uma ação. Exemplos:

- Se o nariz está coçando, você espirra.
- Se você recebe um sopro no olho, você pisca.
- Se você está com frio, você treme.
- Se lhe falam sobre o que você ainda não tem conhecimento, ou não quer aceitar, você se defende (do *feedback* recebido).

A cócega, o sopro, o frio e o falar aquilo que a pessoa não quer ouvir são os estímulos; o espirrar, o piscar, o tremer e o se defender são as respostas.

Os reflexos são produtos da seleção natural. Invariavelmente, parecem estar envolvidos na manutenção da saúde e na promoção da sobrevivência e da reprodução. Como exemplos, podemos pensar em espirrar, piscar, tremer, ou se defender frente a um perigo.

Padrões mais complexos de comportamento também podem fazer parte de relações fixas com eventos ambientais e serem característicos da espécie. Exemplos:

- Quando uma gaivota chega ao ninho, os filhotes dela ciscam um ponto de seu bico e um dos pais responde depositando a comida no chão.
- Em outras espécies de pássaros, os filhotes abrem ao máximo suas bocas, e o pai (ou a mãe) coloca ali a comida.

Nos seres humanos, os reflexos e os padrões fixos de ação também se manifestam, em geral, já no pós-natal. Um deles, muito conhecido, é o reflexo de pressão das mãos do recém-nascido, que se agarra fortemente ao redor do objeto que o toca.

Experiências quantitativas mostram que eles reagem com maior força ao contato dos cabelos e pelos. Esse padrão fixo de ação evolutiva surgiu nos primatas, para fazer com que o filhote se agarrasse nos pelos da mãe e não caísse durante movimentos fortes. Colocado sobre um fio de varal, o recém-nascido se agarra nele fortemente com as mãos e os pés, ficando suspenso sem a ajuda de um adulto: um padrão não aprendido, mas instintivo.

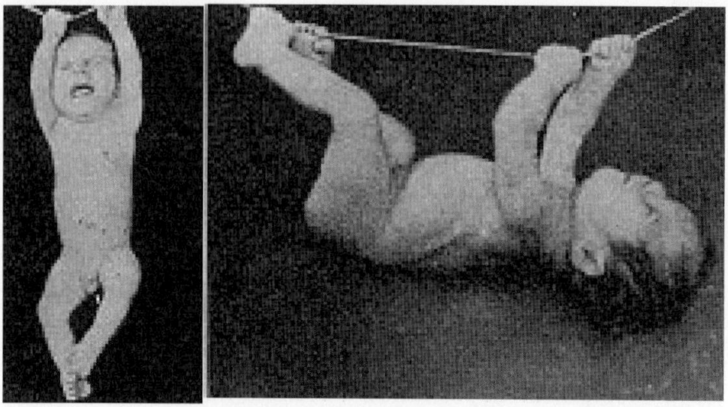

Fonte: EIBL-EIBESFELDT, Irenäus. *Etología: Introducción al estudio comparado del comportamiento.* Barcelona: Omega, 1974.

Porém, depois de adultos, os serem humanos mantêm esses padrões não aprendidos?

Dentre todas as espécies, a nossa parece ser a que mais depende da aprendizagem. Começamos a aprender desde a nossa primeira infância. Seria um erro, no entanto, imaginar que o comportamento humano é inteiramente aprendido. Temos muitos comportamentos reflexos: tosse, sobressalto (movimento brusco, ocasionado por uma sensação súbita ou violenta), dilatação da pupila, salivação, secreção glandular etc.

— Filho, estou começando a entender mais. Os comportamentos reflexos, aqueles que são naturais e instintivos, como espirro, coçar e piscar os olhos, tudo bem. Mas e quanto aos padrões fixos de ação?

— Certo. Vamos lá!

Os padrões fixos de ação são mais difíceis de serem reconhecidos em seres humanos, porque são bastante modificados por aprendizagens posteriores. Cito os dois, reflexos e padrões fixos de ação, pois em diversos conteúdos disponíveis em livros e na *internet*, pode-se encontrar textos que falam sobre reflexos e outros padrões fixos de ação. Eles se misturam mesmo e podemos considerar que são semelhantes; porém, não iguais. Tenha ciência de que os dois casos podem ser considerados uma relação entre um evento ambiental (estímulo recebido) e uma ação (resposta).

Pretendo fazer deste livro uma leitura que não tenha termos rebuscados, mas que apresente o entendimento de forma simples. Quero me aprofundar o suficiente para que haja uma noção de como podemos ir mais longe e, ainda, aguçar a curiosidade nos padrões fixos de ação, tal como nos reflexos. Essas reações comportamentais podem ser vistas como importantes para a aptidão e, por essa razão, como produtos de uma história de seleção natural. Vale a mesma análise para os reflexos: os indivíduos cujos padrões fixos de ação são ou muito fracos ou muito fortes possuem genótipos menos aptos.

E aí você me pergunta: o que são genótipos?

Genótipo (do grego *genos*: origem, raça, família) é a constituição genética de uma célula, organismo ou indivíduo. Deve-se à presença de material hereditário herdado dos progenitores, os pais. É a composição genética elementar de um organismo. São as características internas de um indivíduo, características passadas dos pais para os filhos. Esse material consiste no conjunto dos cromossomos que se situam no núcleo das células. Os cromossomos são interpretados como uma sequência de genes. Genes são os portadores das informações que condicionam o fenótipo. O fenótipo de um organismo é a classe a que esse organismo pertence, como determinado pela descrição das características físicas e comportamentais do organismo. Sendo assim, podemos dizer que o genótipo – que é o conjunto dos genes de um organismo, de um ser humano – condiciona os fenótipos totais, que são o conjunto das variáveis condicionadas pelos genes. O genótipo é o conjunto de informações hereditárias de um organismo, de um ser humano ou de um animal, contidas em seu genoma.

A genética é fantástica, mas não é preciso entrarmos em termos técnicos, pois, quando começamos realmente a entender, é um assunto que demanda horas e mais horas de boas conversas.

No poema "O menestrel", cuja autoria é popularmente atribuída a William Shakespeare, há a seguinte recomendação:

Aprende que há mais dos seus pais em você do que você supunha. Aprende que nunca se deve dizer a uma criança que sonhos são bobagens, poucas coisas são tão humilhantes e seria uma tragédia se ela acreditasse nisso. Aprende que quando está com raiva tem o direito de estar com raiva, mas isso não te dá o direito de ser cruel.

Mais à frente, quando tiver aprendido a dar um bom *feedback*, lembre-se sempre de que isso não lhe "*dá o direito de ser cruel*".

O que é preciso que fique bem fixado e entendido é que, entre reflexos e padrões fixos de ação, não há uma linha divisória clara que os separe. Como mencionado anteriormente, ambos podem ser considerados relações entre um evento ambiental (estímulos recebidos) e uma ação (resposta). Guarde isso.

Podemos aprender novos tipos de reflexos e padrões fixos de ação. Estes podem ser incorporados em nós. É como dizem: "Não podemos mudar o passado, mas podemos, com novos comportamentos, mudar a nossa história a partir de hoje para, amanhã, termos um novo fim".

— Vó, eu estou achando a senhora muito quietinha. Está entendendo?

— Sim, estou quietinha, mas compreendendo e adorando!

— Hum. Senti em sua resposta um mecanismo de defesa, uma formação reativa!

— Oi? Como assim?

Sei que especificar esses comportamentos pode trazer insegurança. Se essa for a primeira vez que você está lendo sobre esse assunto, eles podem parecer difíceis de entender. Mesmo que não seja a primeira vez, concordo que é mesmo complicado. Mas o que quero que fique bem claro é que, quando você começar a ter consciência de como funciona, deve reler este livro. Você gradativamente entenderá como tudo funciona e poderá colocar esses ensinamentos em prática, você vai pegar o jeito. De repente, passará a ter em suas mãos mais do que apenas "ferramentas", mas, também, a possibilidade de observar como o ser humano funciona, e terá condições de ser uma pessoa ou profissional com habilidades que poucos possuem, podendo se diferenciar no meio em que estiver inserido.

— Eu digo isso, vó, não apenas para a senhora, mas para todos que leem este livro. Quem mantiver a leitura, tenha certeza de que até o final desta obra, já terá condições de entender bem o que está publicado aqui. Este conteúdo é transformador, tanto para a vida pessoal quanto profissional.

Assim, quando perguntei se está entendendo e a senhora me respondeu, de bate-pronto, que "está compreendendo e adorando", juntando com o seu "muito quietinha", isso se traduz em um comportamento um pouco fora do seu normal. Sinto que está pensativa sobre tudo e que pode, talvez, não estar realmente entendendo tudo e nem adorando, como falou, mas provavelmente apenas querendo seguir em frente. Não foi isso?

— É isso mesmo, filho. Fico pensando: como utilizar bem esse conteúdo?

— Vó, tudo o que parece simples, muitas vezes não é, pois existem os mecanismos de defesa que estão atuando o tempo todo, para nos proteger. Por que falo isso? Porque existe uma tendência natural do ser humano em não querer sair da zona

de conforto, como já citei, por isso se protege. E estou tendo esta conversa aberta com a senhora, pois pode ter mais de uma pessoa que pode estar, neste instante, se sentindo da mesma forma: um pouco confusa ou, quem sabe, até querendo reler para entender mais. Siga em frente para entender o contexto. Acredito que mesmo para a senhora – com a idade que tem e ativa como é –, que me permite falar abertamente sobre tudo isso, o conteúdo deste livro pode exigir algumas mudanças na forma de pensar, nos comportamentos e nas atitudes que são necessárias para que novos resultados aconteçam. Por exemplo: não esqueci de sua amiga fofoqueira e nem vou deixar a senhora sem um melhor direcionamento para falar algo para que ela reflita e faça uma nova escolha. Também sei que pode ser uma escolha dela manter o comportamento de fofoqueira, mas também senti que a senhora tem um carinho especial por ela ao falar da situação. Logo, vamos adiante, pois temos também muitas coisas boas e bem mais fáceis de se entender do que algumas partes que são, se assim posso dizer, mais delicadas. Ok, vó?

— Continue, meu filho. Quero incorporar novos comportamentos, mesmo com a idade que tenho, pois sei que tudo que aprendemos nos traz novas perspectivas. Palavras do meu falecido e amado marido!

— Ótimo! Pois te digo que é ouvindo mais – de fato – que terá essa oportunidade. Vamos adiante.

10. Reflexo condicional

Ivan Pavlov, depois de ter estudado uma série de reflexos, descobriu que, quanto mais estímulos há em um organismo, mais respostas, reflexos e padrões fixos de ação (PFA) são alcançados. Quanto mais estimulada a pessoa, maior a possibilidade de ela incorporar novos reflexos e PFA: um tipo simples de aprendizagem que ele denominou de "condicionamento clássico ou respondente". Pavlov usou a expressão "reflexo condicional" para descrever o resultado da aprendizagem. Ele considerou que um novo reflexo, condicionado à experiência, tinha sido aprendido.

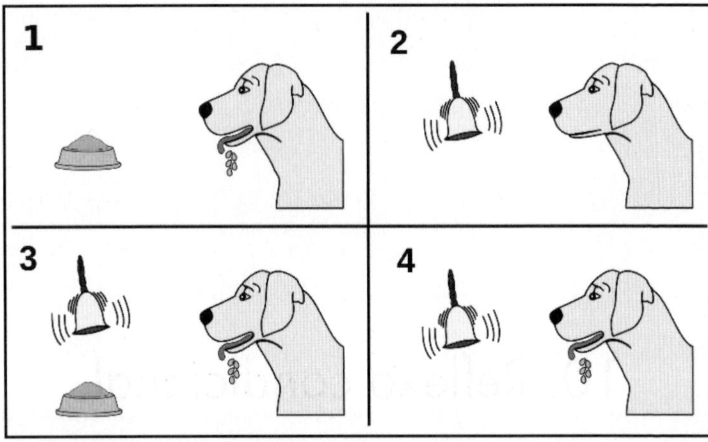

Condicionamento pavloviano usando um sino como estímulo. Fonte: *OpenLearn*. "Pavlov's dogs". Disponível em: https://www.open.edu/openlearn/ocw/mod/oucontent/view.php?id=83455&section=2.2.1

— Filho, você pode dar um exemplo?

— Claro! A senhora, quando chega na época do Natal, sempre se prepara para fazer AQUELE peru. Caprichado, recheado com uma farofa maravilhosa, aquele tempero que deixa ele molhadinho pela manteiga, curte assá-lo, se preparando para comê-lo de uma forma muito especial acompanhado com aquele arroz soltinho... Hum! E depois...

— Nossa! Me deu água na boca só de ouvir você falar! E olha que ainda falta tempo para chegar o Natal. Acho que vou fazer um fora de temporada. Me deu água na boca!

— Com quem a senhora aprendeu a fazer esse peru?

— Com minha mãe!

— Então... Se a senhora tivesse sido criada por uma família hinduísta ortodoxa na Índia, vegetariana desde o nascimento,

é pouco provável que, ao falar do peru assado, salivasse. Agora, aqui no Brasil, se fosse visitar a casa de um indiano, provavelmente não salivasse na frente de algumas das iguarias que eles servem. Entendeu?

— Ah! Então, por eu, desde criança, ter presenciado e aprendido a preparar o peru e por você ter falado dele com riqueza de detalhes, recebi um estímulo da sua parte que resultou em um reflexo ou um padrão fixo de ação, no caso, a minha resposta de salivar?

— A senhora construiu perfeitamente a relação estímulo-resposta. Parabéns!

— Obrigada!

Do mesmo jeito que a comida (estímulo) gera reflexos ou padrões fixos de ação – chamados de reflexos condicionais – como resposta (a salivação), a pessoa, dependendo de sua formação, vivência e experiência de vida, quando inserida em outras situações, pode eliciar (provocar uma resposta automática de alguém ou algo) uma série de reflexos condicionais por estímulos expostos, por exemplo:

- Situações de acasalamento e sexo induzem à excitação sexual que variam de pessoa para pessoa, como mudança de batimentos cardíacos, aumento da pressão sanguínea, aumento da secreção glandular, nervosismo etc.

- Situações que precedem perigo induzem uma série de comportamentos agressivos e/ou defensivos e/ou de passividade extrema etc.
- Situações em que a pessoa ouve do outro algo que lhe incomoda induzem a uma série de comportamentos que podem ser defensivos, agressivos, perplexos, entre outros.

Dependerá muito de pessoa para pessoa, pelo seu histórico, pelas suas vivências e experiências de vida.

Para nós, aqui, como o assunto principal é *feedback*, é suficiente notar que a história de cada pessoa pode levar a diferentes resultados. Logo, o que funciona para um, pode não funcionar para outro.

— *Filho, agora entendo como a reação foi diferente para pessoas diferentes, quando falei a mesma coisa para elas. Não é isso?*

— *Sim, vó! É por aí, mesmo.*

— *Está sendo muito interessante perceber como falei muitas coisas para as pessoas, sendo que elas, muitas vezes, não entenderam o que eu queria falar, e percebo que, na verdade, fui eu que não soube como falar. Estou começando a perceber e acredito que irei me surpreender mais no final!*

— *Assim espero! E que esse conteúdo possa ser transformador na prática para muita gente.*

— *Vá em frente, pois só não vai aproveitar quem for muito ansioso e quiser as coisas sem saber o que está fazendo.*

— *Ok! Vamos em frente!*

11. Quatro passos para aperfeiçoar o saber ouvir

Se pessoalmente eu fosse falar o que é mais importante na comunicação e nas relações interpessoais, diria que é "saber ouvir". Não simplesmente ouvir e, muito menos, apenas escutar, mas "saber ouvir".

Esses **quatro passos** para aperfeiçoar o **saber ouvir** são simples, poderosos e aumentam exponencialmente a sua possibilidade de melhorar a comunicação e as suas relações interpessoais.

Tratando-se de *feedback*, os benefícios são ainda mais evidentes. Eles permitem que se deixe bem claras e específicas as duas situações, de receber e dar *feedbacks*, principalmente quando o assunto em questão é relevante, tanto para quem recebe quanto para quem dá o *feedback*.

— Você está dizendo que esses quatro passos para aperfeiçoar o saber ouvir são específicos para aprender a ouvir, e que eles podem ser significativos também para dar feedbacks?

— Quando falamos da Janela de JOHARI, a senhora percebeu como foi importante sabermos receber feedbacks *e como ocorre o autoconhecimento quando nos damos essa oportunidade?*

— Sim, é verdade.

— Pois, no caso, o "saber ouvir" age da mesma forma. Ao nos aperfeiçoarmos no ouvir, acabamos sabendo falar melhor e, consequentemente, saberemos receber e dar um feedback.

Vó, outra forma de ver como é importante saber ouvir, é que a senhora tomará mais cuidado quando for dar o feedback. *Passamos a cuidar mais dos detalhes para que a pessoa possa ouvir o que queremos.*

Por outro lado, a pessoa necessariamente deve ter ciência de que podem haver reações até agressivas, dependendo do tipo de pessoa que receberá o *feedback*. São as possíveis reações que você deve ouvir sem julgar, sem tirar conclusões precipitadas sobre elas, e saber que a pessoa que ouviu o seu *feedback* pode estar reagindo sem pensar, quase que inconscientemente. Se você ouve, filtra e desconsidera – esperando que toda a reação da pessoa passe, que ela possa refletir a respeito e discernir o que ocorreu – você sabe ouvir.

Essa atitude de "frieza calculista" é para poucas pessoas. São estas que, normalmente, estão em cargos altos dentro do mundo corporativo. São pessoas que têm excelentes relacionamentos sociais e, pessoalmente, mantêm uma força de atração muito especial, trazendo para o seu redor apenas pessoas com bons fluidos.

Geralmente, depois dessa explosão – quase uma catarse que a pessoa pode ter tido –, com o tempo necessário de reflexão, há uma grande possibilidade de a pessoa voltar a conversar com você de maneira surpreendente.

Até o final, quando farei a exposição das *cinco dicas para falar o que quiser, para quem quiser*, ainda conversaremos a respeito de outras coisas que trarão melhor entendimento de como proceder para evitar essas situações.

Agora, vamos falar especificamente sobre ***saber ouvir.***

1º passo – Preste atenção ao que ouve

Preste atenção, sem reação alguma, **no que a pessoa irá lhe dizer** e em todos os detalhes. Se desligue do mundo e de outros pensamentos. Se concentre no que a pessoa irá lhe dizer. Quando digo "sem reação alguma", é sem reação alguma. Procure ficar sem reação verbal ou não verbal. Traga para si sua inteligência emocional e procure deixar de lado todos os seus mecanismos de defesa. Ouça, simplesmente, mesmo que a mensagem desperte o desejo de reagir ou contestar, pois isso pode significar apenas que você não estava preparado para ouvir aquilo naquele momento. Depois de uma reflexão pessoal sobre o que ouviu, o conteúdo pode adquirir algum significado – ou muitos significados.

2º passo – Certifique-se do que você ouviu

Peça atenção para a pessoa que lhe falou e **repita** para ela o que você ouviu e entendeu, **da maneira mais completa possível, para que você se certifique** de que aquilo que você repetiu foi exatamente o que ela quis dizer.

3º passo – Confirme o que a pessoa lhe disse

A realização desse passo, na maioria dos casos, não será necessária, pois, normalmente, depois de pedir atenção à pessoa e repetir o que ela lhe disse, automaticamente ela responderá se você entendeu corretamente ou não. Mas, caso ela não se expresse, de forma verbal ou não, **peça para ela confirmar** se o que você repetiu é exatamente aquilo que ela quis dizer, e aguarde a confirmação dela.

Caso a pessoa não confirme, isto é, se ela informar que o que você repetiu não foi o que ela quis dizer, então, nesse caso, peça para que ela repita o que ela quer realmente dizer e retorne, agora com mais atenção, para o 1º passo. Já no caso de a pessoa confirmar que aquilo foi exatamente o que ela quis dizer, então, passe para o próximo passo.

4º passo – Reconfirme e agradeça, se necessário

Se realmente o assunto for de extrema importância – como receber um *feedback*, por exemplo – agradeça reconfirmando o que foi dito, mais ou menos assim:

— Que bom que eu entendi o que você me disse (repita o *feedback* recebido). Vou refletir a respeito. Obrigado!

Agora, se não for *feedback*, apenas uma conversa importante que se está tendo com uma outra pessoa, quando chegar nessa etapa, somente reconfirme o que foi dito e continue a conversa.

— *Filho, precisa disso? Me desculpe, mas achei muito rebuscado. Principalmente quando se trata de receber um* feedback.

— *Vou dar um exemplo, mas nos casos em que o assunto é importante para ambos, esse procedimento melhora vários aspectos da comunicação e fortalece vínculos. No caso do* feedback, *muitas vezes, ao você dar atenção especial para a pessoa, sem reação alguma, repetir o* feedback, *pedir confirmação e agradecer pode ela tê-lo levado a uma outra percepção para ambos faz surgir uma maior reciprocidade que resulta em um melhor grau de sinergia e transparência (1º quadrante) entre as partes.*

— *Será, filho? Percebo dificuldades em decorar tudo isso, e você ainda está complicando as coisas.*

— *A senhora me disse que está com dificuldades em decorar tudo isso, e eu estou complicando as coisas?*

— *Não! Não está complicando! Mas é que foi tanto conteúdo que parece que não vou conseguir assimilar.*

— *Não vai conseguir assimilar?*

— *Não, filho! Percebo que, ao colocar em prática, talvez eu tenha dificuldades.*

— *Se a senhora realmente colocar em prática... Terá dificuldades?*

— Acredito que não. Melhor eu colocar em prática e, qualquer coisa, eu pergunto para você. Pode ser?

— Claro, vó! Estou à disposição.

— Às vezes, coisas novas nos assustam de bobeira. Meu filho, você não existe.

— Que isso... Eu que lhe agradeço.

— Filho, acredito que, se me der um exemplo, vou ficar mais craque.

— Pois acredito que é na prática que a senhora ficará mais craque, pois acabei de te dar um exemplo.

— Oi? Exemplo? Quando?

— Sim! Conversando com a senhora.

— Não acredito! Verdade? Qual exemplo foi?

— Há pouco, a senhora me falou que "percebia dificuldades em decorar tudo e que eu estava complicando as coisas", não foi?

— Sim! Mas não foi isso que eu quis dizer.

— Não estou discutindo isso. Só quero que a senhora note que eu dei o exemplo e como passa a ser simples quando começamos a perceber que, o tempo inteiro, estamos tendo feedbacks *e que podemos aprimorar nossa conduta, o nosso autoconhecimento, perceber o outro e gastar menos energia aproveitando o poder de nossa comunicação.*

— Como assim?

— Quanto mais nos damos conta da pessoa que somos, quanto mais nos conhecemos e quanto mais percebemos que os outros podem ter as mesmas dificuldades que nós temos – pois

somos todos seres humanos que apenas tivemos experiências e vivências diferentes, podemos, a cada dia que passa, transformar cada minuto em um momento de aprendizado. Inclusive, usando uma palavra que a senhora mesmo utilizou, te pergunto: já pensou se eu "espumasse", ficasse nervoso ou com raiva quando a senhora falou que eu estava complicando?

— Já entendi! Isso é autoconhecimento.

— Exato! A prática leva à perfeição! Já disse isso, mas vale repetir: se temos que ter hábitos, que sejam bons hábitos. Aprender a dar e a receber um feedback *e saber ouvir são boas maneiras de desenvolver bons hábitos e, de canja, ganha-se um presente: o autoconhecimento.*

— Quer dizer que você me usou?

— Não, não usei a senhora. Mas a situação sim. A senhora viu como é simples e sem dificuldade?

— Estou brincando, filho! Aqui, lembrando, percebi que a sua condução em nossa conversa foi somente repetindo o que falei e me pedindo para confirmar o que eu falei. Me fez organizar as ideias na cabeça e perceber que realmente não tinha complicação, mas estava resistindo a colocar em prática. E, ainda, no final, se colocou à minha disposição.

— Verdade. Não foi melhor do que discutir?

— Claro. Você utilizou o que eu falei para me fazer refletir a respeito, sem sequer entrar no mérito da questão. Realmente, trata-se de ver na prática que é simples e que podemos utilizar em tudo.

— Verdade. Agora, vou explicar o que é rapport.

— O quê? Rapó?

— Rapport*! R – A – P – P – O – R – T. Uma técnica de Programação Neurolinguística (PNL) que resolve muitas coisas. Eu explico já.*

— Você também é PNL?

— Não, vó, não sou PNL! Eu fiz a formação em PNL e utilizo as técnicas para auxiliar pessoas a retomar o controle de suas próprias vidas, muitas vezes, descobrindo novos e reais talentos e desenvolvendo a inteligência emocional delas para se tornarem pessoas mais realizadas e felizes. Olha... Falei bonito, mas é isso mesmo.

— Meu filho, eu só ouço coisas boas a seu respeito. E sei que já ajudou muitas pessoas que conheço. Siga em frente. Está muito bom!

12. *Rapport*

A palavra *rapport* vem do francês e significa, literalmente, "relação". Ela tem sido traduzida para o português com os vocábulos *entendimento*, *simpatia*, *harmonia*, *sintonia*, *empatia* e outros que retratam uma sincronização entre uma ou mais pessoas.

Na prática, *rapport* é o processo que leva à sintonização ou equalização dos estados internos das pessoas, por meio do acompanhamento dos diversos elementos da fisiologia e do comportamento. Produz como resultado uma intensa sensação de confiança recíproca, permitindo, dessa forma, abrir as portas da comunicação fluente e bem-sucedida. É um processo também conhecido como espelhamento.

A finalidade específica de se estabelecer *rapport* é gerar, entre você e outra pessoa, um estado de conforto e confiança na interação. Para se obter *rapport* você pode espelhar qualquer parte do comportamento da outra pessoa, ajustando o seu comportamento verbal e/ou não verbal para se mover junto com ela. Se atente aos principais elementos como a fisiologia, a tonalidade da voz e as palavras. É simples! Basta manifestar-se como a outra pessoa se manifesta, mas desde que seja com discrição, elegância e sutileza, para enfatizar a importância da percepção de aspectos do comportamento da outra pessoa, permitindo que você a encontre no modelo que ela tem de mundo.

As consequências de utilizar o *rapport* são muitas, mas geralmente nos sentimos mais à vontade quando a pessoa que nos fala é igual a nós. Essa experiência, à medida que uma pessoa equipara o seu comportamento ao da outra, traz a sensação de aceitação, consideração e compreensão. É dessa forma que se conquistam a confiança, o respeito e a simpatia de alguém.

— Incrível, filho! Mas como saberei utilizar esse... sei lá o nome! Gostei mais de espelhamento.

— É rapport, *vó... É um processo em que você interage com a outra pessoa, primeiro copiando os movimentos do outro de diversas formas, como, por exemplo, a expressão facial, a postura, os movimentos corporais, os gestos, entre outros. Mas tem de ser de maneira bem sutil, para que a outra pessoa nem perceba, pois quanto mais a senhora se espelhar nos movimentos da outra pessoa, mais acontecerá sintonia entre vocês. E, como consequência, a pessoa se sentirá mais confiante e à vontade.*

— A pessoa não vai perceber que a estou copiando?

— Como falei, tem de ser sutil. Primeiro, a senhora copia um gesto. Depois, começa a falar na mesma altura de voz, estabelece a posição das pernas de maneira semelhante e, quando perceber, de tão sincronizadas que estarão, uma estará seguindo a outra, sem nem perceberem.

— Mas sempre acontece isso?

— Não entendi. A senhora pode repetir a pergunta?

— Claro! Sempre acontecerá da pessoa me seguir? De seguir os meus movimentos?

— Não. Vamos supor que quer estabelecer um rapport *com alguém. É a senhora que deverá seguir os movimentos dela primeiro. Depois de estar sintonizada com ela, é quase normal a outra pessoa acabar também seguindo os seus movimentos. Na verdade, é nessa hora, quando a pessoa começa a seguir os seus movimentos, que o* rapport *está realmente firmado.*

— Ah! Entendi. Mas o rapport *não pode ser quebrado? É assim que se fala?*

— Sim, é assim que se fala. O rapport *pode ser quebrado a qualquer instante. É só a senhora começar a ter algum comportamento diferente do da outra pessoa, como, por exemplo: a pessoa está falando baixo e você começa a falar alto. Quando isso acontece, há uma desarmonia na comunicação e o elo se rompe facilmente.*

— Entendi. Por isso que as discussões acontecem ou pioram quando uma das pessoas começa a falar mais alto do que a outra e tudo pode acontecer depois dessa hora?

— Exato! É isso mesmo! Quebra-se o rapport *e tudo vai por água abaixo. Nesse momento, é melhor se utilizar da inteligência emocional e se silenciar. E não apenas a voz, mas deixar de ter comportamentos agressivos não verbais, que, às vezes, são piores do que comportamentos verbais. Os comportamentos não verbais são intensos e fortes, muito mais do que as palavras, isso é, a fisiologia é muito mais forte do que as palavras. Por isso, para manter um* rapport *eficiente é melhor e mais garantido começar pela fisiologia – postura, gestos, expressões faciais, respiração, entre outros.*

— Muito interessante. Quer dizer que, quando for dar um feedback, *eu devo usar essa técnica?*

— Eu sugiro que sim, pois cria-se uma relação mais promissora para isso. Quando for dar um feedback, *aconselho, antes de começar, estabelecer um* rapport. *Muitas vezes, quando você não consegue o* rapport *com a pessoa, é sinal de que ela está incomodada. Às vezes, é melhor suspender e deixar para uma próxima oportunidade.*

— Ah, é importante saber isso. Então, nem sempre, quando eu começar a me preparar para dar o feedback, *tenho de ir até o fim?*

— Exatamente. Tudo também é uma questão de feeling. *Sentir se é o momento, ou não, de fazer. Mas vamos em frente, que tem mais coisas importantes.*

— Vamos sim. Siga!

13. Sobre a verdade

— Agora, vamos conversar sobre um assunto curto, mas que é muito importante.

— Diga, meu filho.

— Muitos aspectos são importantes na hora de receber um feedback. *Mas dar um bom* feedback *exige mais autoconhecimento e preparo para conseguir atingir o objetivo desejado.*

— É verdade. Estava aqui pensando nisso, quando falou que, para dar um bom feedback, *preciso aprender a receber um; preciso aprimorar o saber ouvir e me colocar para aprender novamente. Nossa, obrigada pela oportunidade.*

— Quando te convidei, não falei que a senhora ia gostar?

— Já tinha gostado do convite, mas não pensei que seria tão gratificante. Espero que os leitores também aproveitem bastante. Me falaram que você tem ministrado treinamentos com esse tema, é verdade?

— Sim, vó. Por isso que tenho citado o mundo corporativo. Realmente, trata-se de um tema muito procurado e que vem se desenvolvendo bastante e com resultados transformadores, graças à implantação dessa técnica de feedback *nas empresas.*

— Mas são muito detalhes para, principalmente, dar um feedback. *Eu nem imaginava que havia tantos aspectos importantes. E tudo isso, na prática, não fica parecendo muito artificial?*

— Essa pergunta vem ao encontro do que falarei agora, de maneira bem objetiva. É um assunto primordial! Dar um bom feedback para a pessoa sentir que, de fato, é importante refletir sobre o que ouviu. Vamos falar sobre a verdade.

— Ok. Então vamos lá!

Poderíamos filosofar, trazer várias teorias e discutirmos sobre a **verdade relativa** e a **verdade absoluta**. Mas, no caso de dar *feedback*, a verdade a que me refiro, e que quero que seja entendida, é que tudo aquilo que será dito para a pessoa deve estar alinhado com aquilo que você realmente "sente". Que seja verdadeiro para você, para que a pessoa também "sinta" essa verdade sobre o que está falando para ela. Única e exclusivamente verdadeiro para você!

Quando for dar um *feedback*, você deve ser leal a si mesmo, pois isso fará com que seu *feedback* se torne sincero e, como consequência, verdadeiro para a pessoa que o receber.

A verdade, nesse caso, deve abranger, primeiramente para você, a fidelidade e a sinceridade nas palavras que for utilizar.

Essa verdade deve significar o que é real dentro do seu próprio sistema de valores.

Acima de tudo, fuja de qualquer possibilidade que não seja a sua verdade, o que você realmente sente em relação ao *feedback* a ser dado.

— *Nossa! Você foi categórico.*

— *Sim, vó. Não há muitos aspectos a serem levados em consideração nesse quesito. É simplesmente a verdade pessoal e individual. A sua verdade.*

— *Nem vou questionar, pois acredito que a verdade deve imperar em qualquer situação. Ela pode doer, mas não fere.*

— *Sim! E, por outro lado, ela abre portas.*

— *E quando estamos com a verdade, a gente se fortalece e não precisa ficar driblando situações.*

— *É isso mesmo, vó! Quando eu for falar das* cinco dicas para você falar o que quiser, para quem quiser, *é a verdade que fará com que você atinja seu objetivo.*

— *Vamos em frente!*

— *Vamos!*

14. Ambiente

É importante destacar que cada ser humano tem um potencial inato para amadurecer, para se integrar. Porém, o fato dessa tendência ser inata não garante que ela ocorra. Isso dependerá de um ambiente facilitador, que traga um sentimento de segurança e afeto, como o sentimento de uma mãe suficientemente boa, que não precisa ser a mãe biológica, mas aquela que deu aconchego, carinho, amor e que está presente.

É importante ressaltar que todos esses cuidados dependem da necessidade de cada pessoa, pois cada ser humano responderá ao ambiente de uma maneira própria, apresentando preferências diferentes.

Podemos pensar que, se você deseja falar algo para alguém, você deve perceber que o outro é diferente de você, tem uma formação diferente e experiências que estão inconscientemente presentes. Para que o seu *feedback* leve esse "outro" ao amadurecimento, ou seja, a desenvolver algo que é potencialmente intrínseco nele, você precisa saber como deixar o ambiente confortável para ele, segundo os critérios de segurança dele, e não dos seus.

Não basta, apenas, querer falar o que se tem vontade. Se você deseja criar uma relação melhor, alinhar a pessoa com ela mesma e fazer com que ela possa tirar proveito do que irá falar, você deve cuidar para que a pessoa esteja em um ambiente que favoreça a escuta. Deve evitar realizar atividades mecânicas que supram as suas necessidades pensando que, ao agir dessa forma, poderá levar algo significativo para o outro. É necessário que você construa um ambiente acolhedor para o outro se sentir potencialmente capaz e seguro para receber o *feedback*.

— *Quer dizer que não podemos falar em qualquer lugar?*

— *Isso, vó!*

— *Mas qual o lugar ideal, então?*

— *Aquele em que a pessoa se sinta mais segura. Onde a senhora se sente mais segura, na minha casa ou na sua casa?*

— *É claro que na minha casa, apesar de me sentir muito à vontade na sua.*

— *É por aí mesmo. Sabe qual situação que me vem à cabeça quando falo de ambiente e a relação disso com* feedback*?*

— *Qual situação?*

— *Existem muitos chefes, supervisores, coordenadores, gerentes, diretores e superiores hierárquicos que só chamam seus subordinados em sua sala para lhes dar* feedback. *Porém, muitas vezes, sem levar em consideração nenhuma das situações que estamos conversando.*

— *É verdade.*

— *Quando eu trabalhava e meu chefe chamava alguém na sala dele, escutávamos silenciosamente uma só voz: "Ih! Ferrou. Leva a pomada no bolso, pois vai arder...".*

— *Se for assunto do dia a dia, ok! Mas se, realmente, for dar um* feedback *é melhor escolher um local em que a pessoa se sinta fortalecida, acolhida e possa se sentir mais segura para receber o* feedback. *Você deve criar um ambiente favorável para isso.*

— *Importantíssimo!*

— *Bom, vamos nos preparar agora para passar as* cinco dicas para falar o que quiser, para quem quiser.

— *Oba!*

15. Motivos para dar um *feedback*

Vamos conversar sobre o que é importante quando você tem a intenção de dar um *feedback* a alguém.

Primeiro de tudo, os *feedbacks* só serão construtivos em duas situações específicas:

a) Quando forem para elogiar ou reforçar um aspecto, comportamento ou atitude que a pessoa teve ou tem em um determinado momento específico;

b) Quando existir um determinado aspecto, comportamento ou atitude que a pessoa pode corrigir, melhorar ou modificar, que pode ser, muitas vezes, inconsciente para a pessoa que o praticou; que não foi produtivo ou pode ter causado animosidade para um ou mais de um à sua volta em um momento específico e, com isso, também pode estar impedindo a pessoa de melhorar a performance pessoal ou profissional dela.

Caso esteja fora de uma das situações acima, é melhor pensar bem sobre o que deseja falar para o outro. Afinal, muitas vezes, pode ser apenas uma necessidade de apontar no outro aquilo que pertence a si próprio. Ou seja, enxergamos no outro aquilo que mais temos em nós mesmos. Logo, essa animosidade que sentimos pode ser referente aos nossos próprios comportamentos. É o mecanismo de defesa chamado projeção.

No dia a dia das relações interpessoais, seja no mundo corporativo, social ou familiar, vivemos em constante choque com as diferenças entre pensamentos, repertório cultural, formação educacional, crenças, vivências, emoções e toda a "bagagem" que cada uma das pessoas envolvidas traz consigo. Essa diversidade é que torna as relações interpessoais extremamente dinâmicas, o que se acentua quando se toma ciência de que os comportamentos humanos são de 3% a 5% conscientes e de 95% a 97% inconscientes. Existem muitos comportamentos que estão armazenados no inconsciente. A pessoa age de maneira instintiva e, frequentemente, não tem consciência; estão no 2º ou no 4º quadrante da Janela de JOHARI.

Quando, no 2º quadrante, existe uma pessoa que percebe tal aspecto, comportamento ou atitude que outra pessoa teve (ou tem), e quer levar ao conhecimento desta – na maioria das vezes, com a melhor intenção pessoal ou profissional –, nasce o desejo de dar o *feedback*. Mas quem percebe tal aspecto, comportamento ou atitude deve lembrar que quem pratica quase sempre não tem consciência ainda, ou não a tomou, ou não quer tê-la. Ou, como costumo dizer, desconhece, ainda desconhece ou não quer conhecer. Ou, pior, tem consciência de tal aspecto, comportamento ou atitude, mas não quer mudar, por opção.

Tenha em mente também que, quando quiser dar um *feedback* a alguém, você deve analisar, perceber, intuir e utilizar de todo o seu conhecimento e de tudo o que falamos até aqui, para saber e sentir se a pessoa que receberá esse *feedback* está preparada para recebê-lo. Como já mencionamos anteriormente, às vezes, se a pessoa não está preparada, receber um *feedback* é pior do que não receber.

Por outro lado, muitas vezes, quem percebe determinados aspectos, comportamentos ou atitudes no outro não tem a oportunidade de falar de imediato em razão do momento, do ambiente ou de outros fatores que possam ser impeditivos. A melhor opção mesmo é falar de imediato! Não deixe passar muito tempo para dar o *feedback*, pois ele pode se tornar inválido para quem o receber. E mais: pode parecer que você é uma pessoa que guarda as coisas para utilizá-las em um momento oportuno, o que deixa de ser produtivo para a relação. Pode acontecer ainda de, com o passar do tempo, você perceber outros elementos e acumular mais conteúdo para dar o *feedback*. **Atente-se** aos acúmulos, pois você deve evitar de, quando o *feedback* for oportuno, falar sobre mais de um comportamento.

— Estava aqui prestando atenção em tudo o que está falando, mas espera aí! Quando tem algo que me incomoda em uma pessoa, e eu quero falar aquilo para ela, mas não tenho oportunidade e deixo passar... Aquilo ficou na minha cabeça! Aí, em um outro momento, essa mesma pessoa faz outra coisa que me incomoda, eu vejo que a está prejudicando e que ela não está percebendo. Foi o que você disse: está no inconsciente dela, ela não percebe esse comportamento nela mesma. Então, tenho a oportunidade de estar com ela e falar, mas... Você disse que eu não devo falar tudo? Ah, meu filho. Eu vou é falar tudo mesmo e "soltar a mandioca" em cima dela! Quero ficar livre daquilo e pronto!

— Ok, vó! Já aconteceu isso com a senhora?

— Claro! Nossa! Foi um alívio, pois falei tudo o que tinha vontade.

— Certo. Imagino. Mas te pergunto: adiantou ter "soltado a mandioca" em cima daquela pessoa?

— Ah! Não sei... Mas te garanto que eu fiquei aliviada.

— Acredito, mas, e a pessoa que recebeu tudo? O que aconteceu?

— Você acredita que não adiantou nada?

— Acredito! E como a senhora se sentiu?

— Fiquei pensando se adiantou eu ter falado tudo aquilo... Você acredita que eu não deveria ter dito o que disse?

— Então, vó, isso mesmo! Mas deixa eu explicar uma coisa a esse respeito para todos.

Quando temos mais de um elemento para destacar no *feedback* para alguém, devemos escolher qual é o mais importante para ser dito pessoalmente. Vamos exemplificar.

Suponha que, por falta de oportunidades, você tenha acumulado **cinco aspectos** para dar como *feedback* para alguém. Faça uma lista, escreva em um papel ou qualquer editor de texto, com o menor número de palavras para descrever cada um **dos cinco aspectos**. Analise a lista, reflita sobre ela e pense no que será melhor para a pessoa receber como *feedback*. **Escolha somente um** que será mais significativo para a pessoa, respondendo a uma ou ambas as questões abaixo:

- Qual dos cinco aspectos, comportamentos ou atitudes você julga, pessoalmente, que será mais importante e que fará maior diferença para a pessoa?
- Qual dos aspectos levará mais benefícios para a pessoa?

— Então eu não devo falar tudo? Devo escolher apenas um, que deverá ser aquele que será melhor para a pessoa?

— Isso, vó.

— Mas por que devo fazer assim?

— Porque se ela inconscientemente assimilar um aspecto, já terá um ganho enorme. Então, que seja o que a senhora julgar mais significativo para ela. Pense que, talvez, a pessoa não tenha consciência ou ainda não tenha consciência e, por isso,

seja mais difícil para ela assimilar. Se, muitas vezes, assimilar uma característica já é complicado, imagina mais de uma?

Normalmente, as pessoas têm comportamentos reflexos ou reflexos condicionais nesses momentos. O *feedback* que a pessoa recebe pode remetê-la a lembranças mal resolvidas que ela tenha resistência em se dar conta. Isso pode gerar comportamentos agressivos ou repulsivos e até ativar os mecanismos de defesa dela. Por isso, sempre que formos dar um *feedback*, devemos escolher apenas um elemento para evitar maior resistência da pessoa em aceitar.

— *Ou seja, vó, devemos fazer como* Jack, o Estripador*: ir por partes. Se a senhora fizer a lista e escolher aquilo que julgar ser mais produtivo e construtivo para ela, sendo um único aspecto, comportamento ou atitude, há uma grande possibilidade de a pessoa refletir e aceitar melhor o seu* feedback.

— *Ah! Então faço uma lista, vejo qual das coisas será mais importante para a pessoa, e falo somente o que escolhi?*

— *Exatamente assim. Agora, olha que interessante: muitas vezes, quando queremos de fato contribuir com a pessoa e queremos o bem dela, ao analisar o que realmente fará diferença, acabamos, intuitivamente, falando o que realmente a pessoa precisa ouvir naquele momento, para a evolução dela. Ou seja, a senhora irá* **sentir** *o que é mais importante para dizer. Isso é resultado da sincronicidade que a senhora tem com aquela pessoa, e é o que irá auxiliá-la a tomar consciência do que é importante para ela.*

— Interessante, filho! Mas o que faço com os outros aspectos, comportamentos ou atitudes sobre os quais eu não dei o feedback*?*

— Importantíssima pergunta que a senhora fez agora. Normalmente, o que acontece é que, depois de a pessoa receber o feedback*, refletir sobre e assimilá-lo, ocorre algo transformador, uma tendência – quase que inconsciente – de haver melhoria nos aspectos não ditos.*

— Simplesmente assim?

— Sim. Deixe passar um tempo e analise os comportamentos da pessoa com base no feedback *dado. Podem ocorrer mudanças de comportamento, pois, inconscientemente, a pessoa passa a trabalhar o que não foi dito. É o que chamo de transformação e evolução da pessoa. Quando eu passar as* cinco dicas para falar o que quiser, para quem quiser*, a senhora e todos os leitores compreenderão melhor o que quero dizer.*

— Estou cada vez mais atenta a tudo, pois sinto que, no final, será muito bom!

— Assim desejo, vó, e me dedico para isso.

A todos que me acompanharam ao longo destas páginas, MUITO OBRIGADO pela confiança!

Tive o cuidado de passar o conteúdo que julgo ser uma base para o melhor aproveitamento das **cinco dicas** a seguir, com a intenção de fazer diferença no dia a dia e no desenvolvimento pessoal e profissional.

— Filho, agora, apesar de estar ansiosa, já sinto saudades de nossa conversa. Ficarei honrada em ser convidada novamente para mais papos como este.

— Eu que lhe agradeço pelas suas intervenções e considerações, vó. Tenho certeza de que fez a diferença no entendimento de cada tópico. Obrigado! Quero te pedir um favor neste momento...

— Pode falar!

— Talvez, enquanto passo as **cinco dicas***, a senhora tenha vontade de falar alguma coisa. O que não tem problema algum! Mas te peço que espere eu terminar de passar o conteúdo para, depois, fazer os comentários. Pode ser assim, vó?*

— Claro! Quero prestar atenção em cada detalhe e depois comentamos.

— Anote tudo para não esquecer. Quero saber o que a senhora vai escrever.

— Ok!

— Vamos lá!

16. Cinco dicas para você falar o que quiser, para quem quiser

Para falar sobre dar um *feedback*, vamos dividir o conteúdo em duas situações:

- *Feedback* para reforçar positivamente.
- *Feedback* para corrigir.

Tanto em um caso quanto no outro, seja específico ao dar o *feedback*.

Pense e reflita sobre o *feedback* a ser dado, para que ele tenha o objetivo de reforçar ou corrigir uma ação ou comportamento ou qualquer outro aspecto que seja.

Caso o *feedback* a ser dado não seja para reforçar positivamente, corrigir alguma ação ou comportamento ou qualquer outro aspecto que seja da pessoa que for recebê-lo, você deve fazer uma análise e avaliar por que acredita que esse *feedback* seja de fundamental importância. Essa análise e avaliação do motivo pode ser um momento de autoconhecimento, de verificar se há algum mecanismo de defesa atuando. Caso deseje, há tópicos neste livro para se aprofundar nesse assunto.

IMPORTANTE!

Em ambas as situações, tanto para reforçar positivamente como para corrigir, escolha estrategicamente **apenas um** tema para falar de cada vez, para que o *feedback* seja melhor validado.

Quando existir mais de um aspecto que precisa ser dito, faça uma lista das coisas que deseja falar e, dentre elas, sejam ações, comportamentos ou quaisquer outros aspectos, faça a escolha levando em conta o **que será mais importante** para a pessoa. Isto é, a informação que, segundo sua percepção, realmente fará diferença para a pessoa. Simples e complexo ao mesmo tempo, mas, com certeza, o melhor caminho.

Jamais fale sobre mais de um aspecto no mesmo momento. Isso pode prejudicar o que realmente for importante. Fale uma coisa de cada vez.

Tenha em mente que, se você for verdadeiro ao dar o *feedback,* e o fizer com o seu real sentimento ou percepção, outros itens de sua lista cairão por terra. Ou seja, a pessoa que receber o seu *feedback* poderá trabalhar indiretamente nesses outros itens da lista, valorizando ou revendo suas atitudes.

Feedback para reforçar positivamente

Este caso é simples e, ao mesmo tempo, importantíssimo!

Querer reforçar positivamente uma ação ou comportamento ou qualquer outro aspecto que seja de uma pessoa é sinal de que esse elemento deve ter sido significativo e pode ter trazido benefícios a outros que estavam próximos a ela. Logo, significa que essa postura deve ser mantida.

Nesse caso, não será necessário levantar qualidades, nem será preciso que estejam a sós. Como é para reforçar algo que foi significativo ou benéfico, o *feedback* deve acontecer na frente de mais pessoas. Isso fará com que o momento seja mais significativo para a pessoa que irá recebê-lo e funcionará como um bom exemplo para os demais presentes.

Quando se trata do mundo corporativo, e o *feedback* é para reforçar positivamente algo mais significativo, uma atitude que trouxe resultados positivos expressivos para toda a empresa, é de bom tom esperar um momento mais oportuno. Deve ocorrer em um local onde estará presente o maior número possível de pessoas envolvidas no resultado da corporação, como, por exemplo, em um evento.

Recomenda-se fazer uma festa, se for o caso. Afinal, as pessoas merecem receber reforço positivo de boas ações para perpetuar o significado delas para todos os envolvidos.

Feedback para corrigir

1ª dica – Especificar o *feedback*

Ao dar um *feedback* para corrigir algo, lembre-se de que a pessoa deve recebê-lo sem se sentir ofendida.

Procure sintetizar o seu *feedback* com o menor número possível de palavras. Se possível, seja ainda mais específico, de modo que a mensagem possa ser sintetizada em **uma palavra.**

"Treinar é imprescindível."

2ª dica – Lembrar duas qualidades da pessoa

Faça uma avaliação ou lembre-se de duas qualidades reais da pessoa que receberá o *feedback*. Reais, nem inventadas, nem mentirosas. Essas qualidades devem ser verdadeiras, principalmente para a pessoa que receberá o *feedback*. Todo ser humano possui qualidades, por mais difícil que possa parecer.

Logo, relacione duas qualidades da pessoa.

Lembrou?

Não falei que lembraria?

Essas duas qualidades são importantes e servirão para preparar a pessoa para ouvir. Quando iniciamos falando de qualidades que a pessoa reconhece como verdadeiras, os mecanismos de defesa ficam desativados e encontramos menos resistência.

Não lembrou duas qualidades da pessoa? Não tem problema! Caso esteja com dificuldades em avaliar ou se lembrar de duas qualidades, faça um exercício, uma dinâmica simples; mas você deve ser bem sincero consigo mesmo: é uma associação livre!

Ao ler a pergunta, responda de maneira objetiva e sem privações aquilo que primeiro lhe vier à cabeça, pois apenas **você** saberá a resposta.

Deve ser a primeira palavra ou nome que vier à sua cabeça, de maneira simples e objetiva. Não titubeie: seja direto!

A pessoa a quem você vai dar o *feedback* se parece com qual animal?

Não titubeie: **responda**!

Por mais estranha que seja a pergunta, responda com o primeiro animal que vier à sua cabeça, e que, por algum motivo, lembre a pessoa para quem você dará o *feedback*.

Agora, com o animal em mente, somente o animal, diga quais são as qualidades desse animal.

Pegue um papel e caneta, ou o computador, o celular, ou o que estiver mais perto, pois deverá anotar algumas coisas importantes.

Se você foi sincero consigo mesmo e anotou o primeiro animal que veio em sua cabeça, tendo apenas o animal em mente, escreva quais são as qualidades dele.

Analise as qualidades que escreveu e responda: quais dessas qualidades da lista pertencem à pessoa para quem você dará o *feedback*?

Pode ser que o outro tenha mais de duas qualidades do animal, mas você escolherá as duas mais fortes.

Com essa associação livre, você saberá duas qualidades da pessoa para quem dará o *feedback*.

"São as qualidades que nos permitem evoluir."

3ª dica – Cuidar do ambiente

Você deve ter o cuidado de escolher o local para dar o *feedback*. Escolha um local ou ambiente onde a pessoa se sinta mais segura. Faça uma pesquisa se for necessário. Caso sinta – sentir mesmo – que no local em que estão a pessoa não se sente segura, procure um local melhor, onde ela se sinta fortalecida e confiante.

"A prática leva à perfeição."

4ª dica – Estejam a sós

Para dar o *feedback* esteja a sós com a pessoa que o receberá. Somente você e ela. **Mais ninguém**. Esse momento é somente de vocês. **Somente de vocês!**

"Respeito é bom e fortalece o vínculo."

5ª dica – Momento de dar o *feedback*

De posse do que irá falar, com as duas qualidades reais e verdadeiras da pessoa, já no ambiente seguro e a sós com ela, estabeleça *rapport* e, antes de falar, você deve se atentar e sentir **se realmente é o momento de falar**. Se sentir que é o momento de dar o *feedback*, deve ser curto e objetivo, da seguinte forma:

— Fulano(a), você é uma pessoa [neste momento irá falar as duas qualidades, enaltecendo-as], mas **sinto/percebo** [demonstrando sentimento e pessoalidade] que você [dê o *feedback*, expressando-se da maneira mais curta possível]. [Termine aqui o *feedback*. Ponto. Não se estenda.]

Caso a pessoa venha a contrapor ou contradizer, peça para ela pensar e refletir sobre o assunto consigo mesma.

Quando se despedir, agradeça a oportunidade de lhe dizer o que você sente. Peça para que reflita a respeito e, caso considere a mensagem irrelevante, apenas desconsidere-a, e **ponto final**.

"O fortalecimento acontece quando a verdade está acima de qualquer coisa."

Não há evolução sem treinamento.
Não pense que você está totalmente preparado(a).
Feito é melhor que perfeito, com todo o critério de avaliação, análise e reflexão antes de dar o *feedback*.

— *Pronto, vó. Já pode fazer os seus comentários.*

— *Ah, filho! Essa não! Associação livre com animais? Nessa hora, pensei em te interromper, mas consegui me segurar.*

— *Tudo bem! Simplesmente faça a associação livre e veja os resultados.*

— *Ah, é? E se vier uma cobra em minha cabeça?*

— Veio alguém em sua cabeça que te lembrou uma cobra?

— Não. Pelo contrário. Veio uma cobra em minha cabeça que me lembrou de uma pessoa.

— Isso mesmo. A senhora fez a associação livre e, agora, eu te pergunto: quais as qualidades de uma cobra?

— Não acredito que está me pedindo para ver qualidades em uma cobra...

— Esqueça a pessoa agora. Lembre-se somente do animal cobra.

— Você quer mesmo que eu me lembre das qualidades do animal cobra?

— Sim! Me fale as qualidades de uma cobra, pois acredito que a senhora se lembrará de várias.

— Não lembro nem de uma, quanto mais de duas.

— Deve ser porque a senhora, talvez, esteja se lembrando da pessoa. Concentre-se na cobra. Foco na cobra! Vamos lá!

— Está bem, vamos lá! Humm... Venenosa... Peçonhenta... Rápida... Veloz... Estratégica, pois fica sempre na moita... Silenciosa... Mole... Flexível... Ágil... Esperta, pelo menos a cascavel, que tem o guizo para avisar quando estão chegando perto... Ah, sei lá! Já está bom?

— Sim! E olha só que maravilha: veja quantas características da cobra a senhora encontrou. Se formos mais a fundo, acharemos ainda mais.

— Verdade.

— E dessas características: quais delas são qualidades, em sua opinião?

— Rápida, veloz, estratégica, silenciosa, flexível e esperta.

— Agora, me responda outra pergunta: quais dessas qualidades pertencem à pessoa de quem a senhora se lembrou?

— Nossa! Não é que dá certo, mesmo? Ela é ágil, rápida, flexível e esperta. Tenho que admitir. Essas são qualidades dela.

— E dessas quatro: quais são as duas mais fortes?

— Fácil! Flexível e esperta.

— Pronto, vó! Aí estão as duas qualidades em suas mãos.

— Que interessante... Funciona mesmo! Me surpreendi agora.

— Alguma outra dúvida?

— Não, não. Tudo muito bom. Agora, vou colocar tudo em prática.

— É isso aí!

17. Um exemplo das cinco dicas na prática

— Vó, para dar um exemplo vou voltar a um assunto sobre o qual falamos lá atrás, para fazermos o comentário final. Pode ser?

— Claro! Mas que assunto é esse que eu não me lembro?

— Sabe aquela sua amiga fofoqueira da qual falamos?

— Lembro, sim. É verdade! Você falou que comentaríamos novamente sobre ela, no final.

— Então... Vamos retomar, pois, talvez – e se for importante para a senhora – poderá tentar falar de uma maneira diferente aquilo que muitos já tentaram.

— Hum... Deve ser um ótimo exemplo para eu colocar em prática.

— Vamos lá! Vou me concentrar na senhora por dois motivos básicos. Primeiro porque quem dará o feedback *é a senhora – se quiser, claro!*

— *Quero sim!*

— *Ok! Segundo motivo: porque aquilo que as outras pessoas pensam é problema exclusivamente delas. E, assim, quando for dar um* feedback, *é muito importante que diga aquilo que* ***você*** *pensa! Deve ser algo seu, relativo à pessoa que receberá o* feedback, *e jamais a opinião de outras pessoas. O seu* feedback *é importante, pois é relativo ao que a senhora sente em relação ao que ela tem, ao comportamento dela. Ou seja, tem de ser verdadeiro para a senhora. Entendeu?*

— *Sim, entendi!*

— *Agora, imagine uma situação na qual a senhora vê a sua amiga fazendo fofoca para outra pessoa. O que a senhora sente em relação a essa situação?*

— *Ah, sinto um monte de coisas ruins, que não afetam apenas a mim, mas a todas as pessoas que estão em volta dela. Eu gosto dela! Quero o bem dela.*

— *Vó, vamos fazer uma lista do que a senhora sente em relação a isso?*

— *Vamos!*

— *E o que a senhora sente?*

— *Dela, eu sinto pena. E me sinto inútil em ver tudo isso acontecer e não saber como ajudá-la; sinto ela se prejudicar com todo mundo; sinto que esse comportamento dela pode levá-la a perder oportunidades, pois as pessoas não a querem mais presente nos lugares; sinto que, com tudo isso, ela ficará sozinha. Nossa, sinto muitas coisas...*

— Disso tudo que sente, o que é mais grave na sua opinião?

— As pessoas quererem que ela fique longe. Isso me deixa muito triste.

— Certo. Então, guarde esse sentimento, pois vamos utilizá-lo. Agora, quais as coisas que gostaria de falar para ela?

— Para ela parar de fazer isso, pois pode se prejudicar; que esse comportamento prejudica as pessoas com as quais ela se relaciona; as pessoas perdem a confiança nela e, aí, querem se afastar; que tem gente que fica com raiva dela; que ela pode acabar sozinha mais pra frente; que até eu, às vezes – e acho isso muito chato –, também não a quero por perto; e que quando o pessoal faz lista de coisas para fazer, já nem pensa mais no nome dela. Acho que as principais coisas são essas. Mas a que mais pega em mim, por ela ser uma pessoa boa de coração, é que as pessoas perderam a confiança nela. Hoje, todos ficam dosando o que falam perto dela. E isso incomoda muito, porque as pessoas têm de se controlar e perdem a naturalidade. Eu, pelo menos, me sinto assim.

— Me fale duas qualidades dela.

— Ela tem um monte. Tem um bom coração; é uma pessoa organizada; é carinhosa; a casa dela está sempre toda preparada para receber pessoas – embora, atualmente, ninguém esteja indo; e ela é atenciosa; é asseada; é culta; quando ela fala, assuntos não faltam! Acredito que essas são as principais características dela.

— Ok. E dessas, quais são as duas mais verdadeiras?

— Ela tem um coração enorme e quer ter as pessoas por perto, por ser muito carinhosa; mas tem esse defeito dela que acaba com tudo.

— E qual o lugar que a senhora sente que ela fica mais segura, mais dona de si, mais forte, se assim posso dizer?

— Ah, na casa dela, claro!

— Então, temos a seguinte situação para dar o feedback*. Vou enumerar por dicas para a senhora ver como faço, em casos mais complexos.*

— Você escreve também todas as dicas?

— Claro, vó. Escrever é um ótimo exercício, principalmente se for com papel e caneta, pois aí entra a nossa própria energia e, ao escrever, sentimos melhor a situação e introjetamos mais o que é necessário falar.

— Oba! Vou escrever também!

— Ótimo! Isso só vai te ajudar. Depois, a senhora dá um fim no papel.

1ª dica – Especificar o *feedback*

— A senhora falou que as pessoas perderam a confiança nela e não a querem mais por perto, certo?

— Isso! Agora, como encurtar isso?

— Vamos para a 2ª dica e, depois, vemos se dá para encurtar, pois realmente sinto que é o que a senhora irá falar.

2ª dica – Lembrar de duas qualidades da pessoa que receberá o *feedback*

— *Tem um coração enorme e é carinhosa.*

— *Verdade, filho!*

3ª dica – Cuidar do ambiente

— *Falar na casa dela.*

— *Certo!*

4ª dica – Estejam a sós

— *A senhora combina de tomar um café na casa dela, tudo bem?*

— *Vou aproveitar que tenho de levar um crochê para ensinar o ponto para ela...*

— *Maravilhoso. Então ir lá é fácil.*

— *Sim. Ela adora receber visitas!*

— *Resolvido!*

5ª dica – Momento de dar o *feedback*

— *Vamos montar.*

— *Como você faria, filho?*

— *Vó, eu faria assim: marcaria um café com crochê na casa dela, em um horário em que eu teria certeza que ela estaria sozinha, e... Deixa eu te perguntar uma coisa: ela gosta mais de café, chá ou outra bebida?*

— *Ela adora chá de erva cidreira, como eu.*

— *Ok! Então, continuando, quando eu ligasse para a casa dela para marcar o horário, falaria para ela preparar um chá de erva cidreira e diria que levaria umas bolachinhas. Estando sozinhos, tomando o chá, no momento oportuno eu falaria... Qual é o nome dela?*

— O nome dela é Aparecida. Chamo ela de Cidinha, pois ela é bem magrinha!

— Entendi. No momento mais oportuno, eu falaria assim: "Cidinha, você é uma amiga que gosto muito. Tem um coração enorme, é super carinhosa, mas eu **sinto** *que as pessoas estão perdendo a confiança em você, por você ficar falando da vida dos outros para todo mundo, amiga".*

— Só isso?

— Olha, achei até que ficou comprido. Mas em tudo tem muito sentimento da senhora. E o que for sentimento seu, ela vai sentir também. Se ela quiser perguntar o porquê, quiser conversar sobre o assunto e tudo mais, apenas verifique se ela entendeu o que a senhora quis dizer. Só isso! E quando for embora, agradeça pela oportunidade de poder ter falado o que você **sente**. *Reforce o pedido para que ela reflita a respeito e que, caso não seja relevante para ela, desconsidere o que você falou. E só!*

— Meu filho, mas eu já estou querendo ligar para ela agora!

— Que bom, vó! Faça isso e, depois, me conte como foi.

— Lógico! Te conto, sim!

18. Chegamos ao início

— Tenho mais uma última coisa importantíssima para falar, vó!

— Fala, filho!

— Se a senhora pensa que chegamos ao fim, está equivocada.

— Por quê?

— Agora é que o processo começa. Agora é a hora de validar com seus próprios olhos e sentimentos o que transformará a sua comunicação e as suas relações interpessoais.

É preciso ter em mente que **a prática leva à perfeição**. No começo, pode dar insegurança, você pode ter medo de errar por se tratar de um assunto – que acha ser – delicado. Pode se achar um estranho no ninho fazendo ou escrevendo listas e *scripts*... Mas **faça! Prepare-se! Treine!** E, se for o caso, até mesmo de frente com o espelho. Mas **coloque-se em ação**, pois é isso que difere os adultos das crianças. Essa atitude é o que fará você se tornar **uma pessoa com mais uma qualidade pessoal e profissional**. E eu disse "mais uma qualidade", pois, para mim, você já é uma pessoa especial por ter chegado até aqui.

Lembre-se de que eu estarei sempre por perto para poder auxiliar naquilo que for possível. Conte comigo! Estamos mais próximos do que você imagina. As redes sociais estão presentes para validar essa afirmação. Me acompanhe por lá.

Quem se interessar em se desenvolver ou em se aperfeiçoar mais nesse tema – e em outros que envolvem desenvolvimento pessoal e profissional – pode se inscrever, curtir e me seguir nos meus canais do YouTube, do Facebook e do Instagram. Sempre há conteúdo relevante. Se inscreva também em meu site **arnaldocarvalho.com.br** para receber informativos, estar informado sobre os webnários e cursos que ministro uma ou duas vezes ao ano. Existem também as instituições e empresas que me contratam para trabalhar com suas equipes de colaboradores, aprofundar temas específicos e que têm como retorno um maior e melhor desempenho de seus colaboradores em suas funções, melhorando significativamente os resultados corporativos. Conhecer sua equipe de colaboradores e saber lidar com os testes e as ferramentas potencialmente transformadoras pode ser fundamental para se destacar no mercado atual.

Obrigado pela confiança e saiba que, quando eu aprendi esse conteúdo e essas **cinco dicas**, elas fizeram toda a diferença na minha vida pessoal e profissional. Atualmente, me sinto à vontade para falar o que quiser, para quem quiser passando a você a ARTE DE AJUDAR E RECEBER AJUDA.

Tenha SEMPRE em mente que só quem pode modificar tudo à nossa volta somos nós mesmos, e com VOCÊ não será diferente!

Logo, mãos à obra!

Sucesso!

Referências bibliográficas

BAUM, W. M. *Compreender o behaviorismo.* São Paulo: Artmed, 2006.

BERGERET, J. *Psicopatologia: Teoria e clínica.* São Paulo: Artmed, 2006.

BRENNER, C. *Noções básicas de psicanálise: Introdução à psicologia psicanalítica.* São Paulo: Imago, 1987.

CHIAVENATO, I. *Gestão de pessoas.* Rio de Janeiro: Campus, 2008.

______. *Introdução à teoria geral de administração.* Rio de Janeiro: Campus, 2000.

FREUD, S. *A história do movimento psicanalítico, artigos sobre a metapsicologia e outros trabalhos.* Rio de Janeiro: Imago, 1974.

GOLEMAN, D. *Daniel Goleman.* Disponível em: http://www.danielgoleman.info/. Acesso em: 7 jun. 2020.

GOLEMAN, D. *Inteligência emocional.* São Paulo: Objetiva, 1995.

JUNG, C. G. *Sincronicidade: A dinâmica do inconsciente.* Petrópolis: Vozes, 2011.

KASSIN, S. *Psychology.* Nova Jersey: Prentice Hall, 2003.

MEDEIROS, P. P. *Psicanálise.* Boa Vista: Pégaso, 2015.

MYERS, D. G. *Introdução à psicologia geral.* Rio de Janeiro: Livros Técnicos e Científicos, 1999.

ORIGEM da palavra. Disponível em: http://www.origemdapalavra.com.br. Acesso em: 7 jun. 2020.

RAPPAPORT, C. R. *Psicologia do desenvolvimento.* Vol. I. São Paulo: Pedagógica Universitária, 1981.

ROGERS, C. R. *Tornar-se pessoa.* São Paulo: Martins Fontes, 2007.

SKINNER, B. F. *Sobre o behaviorismo.* São Paulo: Cultrix, 1974.

Esta obra foi composta em sistema CTcP
Capa: Supremo 250 g – Miolo: Offset 75 g
Impressão e acabamento
Gráfica e Editora Santuário